"十三五"国家重点图书

日本远东战争罪行丛书

被折断的花朵

八个荷兰"慰安妇"的伤痛回忆

总顾问 | 张宪文

［荷］玛格丽特·哈默尔-毛努·德弗瓦德维勒 | 著
Marguerite Hamer-Monod de Froideville

季我努 | 译　李越　刘晓敏 | 校

重庆出版集团　重庆出版社

《日本远东战争罪行丛书》
学术委员会

主任

张宪文　南京大学荣誉资深教授、中华民国史研究中心名誉主任

委员（以姓氏笔画排序）

马振犊　中国第二历史档案馆馆长、研究馆员
刘　波　国防大学军事文化研究中心主任、大校
刘向东　军事科学院军事历史与军事百科研究部研究员、大校
江　沛　南开大学历史学院院长、教授、博士生导师
汤重南　中国社会科学院世界史所研究员、日本史学会荣誉会长
苏智良　上海师范大学人文学院院长、教授、博士生导师
李　强　国家图书馆出版社数字出版中心主任
吴先斌　南京民间抗日战争博物馆馆长
张连红　南京师范大学历史系教授、博士生导师
张宏波　日本明治学院大学教授
张　皓　北京师范大学历史学院副院长、教授、博士生导师
周　勇　西南大学中国抗战大后方研究协同创新中心主任、教授
宗成康　南京政治学院历史系教授、博士生导师
黄兴涛　中国人民大学历史学院院长、教授、博士生导师
萨　苏　著名抗战史专家、日本问题研究专家
程兆奇　上海交通大学东京审判研究中心主任、教授、博士生导师

《日本远东战争罪行》翻译委员会

主任、总校译
范国平　季我努学社社长

委员（以姓氏笔画排序）

田　野　刘晓敏　刘　超
孙　超　李学华　李　越
钱　锋　程世利　焦红梅

丛书总序

再塑从全球视野揭露日本罪行的"典范之作"

时光如白驹过隙，自2015年12月《日本远东战争罪行丛书》第一辑出版后，四年时间已经过去了。《日本远东战争罪行丛书》第二辑的作品已经陆续出版。我还清晰地记得在南京民间抗战博物馆召开丛书第一辑新书讨论会的情景。诸多与会专家高度肯定了丛书第一辑，将其誉为：响应习近平同志"从全球视角整理抗战史料"号召，从全球视角揭露日本战争罪行的典范之作。

中宣部、总局对于《日本远东战争罪行丛书》给予了很高的荣誉。第一辑获得了"十二五"国家重点图书、中宣部及总署"100种抗战经典读物"的称号。第二辑（3卷本）获得了"十三五"国家重点图书称号及2019年度国家出版基金资助。2020年是抗战胜利75周年，学社和出版社将遴选更多关于日本战争罪行的权威作品，以告慰牺牲在日本侵略者手中的英灵。

我一直主张要将日本侵华战争的视野扩充到亚洲太平洋领域，日本在二战期间对被其侵略的亚洲各国人民及西方国家的平民和战俘犯下了罄竹难书的、令人发指的战争暴行。在我主编的教育部重大委托项目"抗战百卷"中，我将日本在东南亚战争暴行的研究交给了季我努学社的三位青年学者。重庆大学历史文化研究中心的钱锋副教授负责巴丹死亡行军暴行的研究，东南大学日语系的刘超副教授负责缅泰死亡铁路暴行的研究，武汉大学历史学院的王萌副教授负责日本在东南亚地区整体暴行的研究。这三位都是季我努学社青年学者群体当中的优秀代表。

我非常鼓励季我努学社与重庆出版社持续地对日本在中国以外地

区战争暴行领域进行开拓性研究。由于语言和资料搜集的障碍，也由于中国本土的日本战争暴行更加容易获得各类科研项目资助的体制性原因，国内学者愿意将关于日本战争暴行的学术视野放到中国以外地区的不多。然而，日本在二战中的战争暴行，不仅仅伤害了中国人民，也伤害了被其侵略的东南亚国家和遭受其践踏的西方国家的战俘和平民，并且它对在其殖民统治之下的中国台湾、朝鲜和所谓"关东州"的人民也造成了伤害。

现在中国国力日益强盛，国内的科研经费相对充裕，在国内利用外文资料，走出国门搜集外文资料进行研究的学者越来越多。季我努学社的青年学者们普遍外语能力较好，资料搜索、翻译能力在国内青年学者中堪称翘楚。重庆出版集团北京华章同人文化传播有限公司一直非常重视《日本远东战争罪行丛书》，在这一课题上持续投入资金和编辑力量，确确实实且扎扎实实地为国内日本战争暴行外延的拓展作出了突出的贡献，展现出了高度的历史使命感和社会责任感，令人称道。

在不远的将来，学社将与重庆出版集团密切协作，争取将丛书扩展到日本在亚洲太平洋战争期间犯下的主要战争暴行，如将新马华人"检证"大屠杀、马尼拉大屠杀等纳入其中；放大对于日本战争罪行研究的视角，关于日本战争罪行的审判，关于日本军国主义军队的体制等诸多与日本战争罪行研究相关的课题，也将纳入丛书。

作为学社荣誉社长、丛书总顾问，我要表示一下感谢。感谢中国日本史学会荣誉会长汤重南教授、上海师范大学历史系苏智良教授等一批著名抗战史专家对丛书的支持。苏智良教授还作为蜚声国际的"慰安妇"问题研究专家，为本书撰写了精彩的序言。希望学社与重庆出版集团继续高标准、严要求地来规划、翻译、出版本丛书。我希望本丛书能够一如既往地当得起学界给予的"从全球视角揭露日本战争罪行的典范之作"这个极高的赞誉。学界对于本丛书极为关注，希望学社和重庆出版集团不忘初心，牢记使命，继续做好这套已经进入中国抗战史学术界的重量级丛书。国内对于日本在中国之外的战争暴行的研究，才刚刚起步。《日本远东战争罪行丛书》希望成为抛砖引玉之作，希望国内有更多的学者可以关注日军在东南亚及对西方国家战俘和平民的战争暴行。

南京大学荣誉资深教授
中华民国史研究中心名誉主任
季我努学社荣誉社长
张宪文
2019年5月21日

代序

唯有铭记历史才能面向未来

所谓的"慰安妇",就是二战时期日本政府运用国家权力在占领地、殖民地强征妇女充当日军的性奴隶。近年来,中国、韩国受害者的故事已渐为人们知晓,其实在日军所有的占领地,都有日军"慰安妇"。这当然包括东南亚各日军占领地,如缅甸、新加坡、东帝汶、菲律宾、太平洋各群岛,以及荷兰所属的印度尼西亚。

1942年1月,日军对荷兰所属的东印度、婆罗洲岛、苏拉威西岛等地发动了第一次攻击。3月8日,荷属东印度当局投降,到4月间,苏门答腊岛、圣诞岛、新几内亚岛几乎全为日军所占领。当时的荷属东印度有36万欧洲人和大约7000万印度尼西亚人,他们大多住在爪哇岛。

日本占领军认为建立"慰安所"是理所当然的事情。驻爪哇岛的日军第16军的兵站,具体承办"慰安所"、发放许可证。在荷属东印度地区有3万名女性曾在日军"强奸中心"受辱,有统计的数字是19573人。当然,许多人已失去生命,还有不少人不愿意再撕裂记忆的伤口,公开作证,所以我们所知的只是历史的冰山之一角。

在荷属东印度,日军性奴隶制度的受害者,有被强征去的朝鲜女性、中国大陆和中国台湾女性,也有当地土著女性,还有一些是当地白人女性。在日军"慰安所"里,"慰安妇"也是有等级的,最上层的是日本人,其下是中国台湾人、朝鲜人、中国大陆人、马来人,最低等的是当地女人。战时日本一直标榜自己从白人的统治下解放了黄种人的东南亚,所以他们是不会放过白人女性的。1944年2月,日军在印度尼西亚的三宝垄,逼迫多个集中营里的荷兰女性为日军"慰安妇"。根据玛露塔的回忆，当时被抓的荷兰女性有100多人，这就是著名的"三宝垄事件"。当然，日军不仅仅在集中营里抓人，还在一些女性回家路上或在前往菜市场购物途中光天化日地抓捕人。本书的主人翁们就是在这一背景之下进入暗无天日的"慰安所"的。

《被折断的花朵》中荷兰幸存者所叙述的受害事实，与在中国、韩国受害者身上发生的事情几乎没有区别。荷兰"慰安妇"也有一些是未成年人，如莉娅被抓时只有13岁，还是个孩子。日军威吓她们说，如果继续抵抗的话，就杀掉她们关在集中营的家人，于是她们只能停止反抗。在"慰安所"，她们每天要遭受20名左右的日本兵强暴，过着奴隶般的生活。有时这些女性还会被送到其他日军驻地去，"就像被摆在传送带上的商品一般，整整一天都要遭受日本士兵们的粗暴凌辱"。虽然日军规定士兵有义务使用避用套，可没有日本兵理睬。即便莉娅怀孕，也没有哪个日本兵顾及到她有孕在身，她依旧遭受着强暴。不幸的孩子刚一生出来，就被两个日本兵杀害了，而且就在莉娅的眼前，莉娅只能整日以泪洗面。战争是如此的吊诡，困境中的莉娅后来竟与日本军官吉田生下了两个孩子。"三宝垄事件"的受害者扬·鲁夫－奥赫恩（Jannie Ruff-O'Herne），1944年被日军强行送入"七海屋""慰安所"，在那里度过三个月地狱般的"慰安妇"生活。如今，《被折断的花朵》中的主角埃卢娜、玛露塔、莉娅、提奈卡、贝齐、埃伦、叶妮、诺露切，都已经相继与世长辞。

和平年代的读者，对于这几位荷兰受害者的那些刻骨铭心的回忆，恐怕是难以深刻理解的。

我从事"慰安妇"问题的调查与研究已有24年了。本书第十章所描绘的2000年东京民间法庭活动，扬·鲁夫－奥赫恩曾出庭作证，而我当时是中国代表团团长。也就在这一年，扬·鲁夫－奥赫恩等幸存者曾来上海师范大学出席中国首届日军"慰安妇"国际学术研讨会。如今，她的照片和经历还在中国"慰安妇"历史博物馆里展示。

在当时的东南亚或者荷属东印度，究竟有多少女性沦为日军性奴隶，恐怕已很难精确估计了，但到处都有"慰安所"的确是历史事实。我仅举在中国吉林省档案馆发现的日军档案为例。在爪哇岛，日军开设了"将校'慰安所'"。爪哇宪兵队司令部的《宪兵月报》，记载了不少官兵违纪去"慰安所"的情况。如1944年1月25日，日军部队奉命转移、在码头待命时，陆军一等兵冲野孝次竟迫不及待地擅自离队去"慰安所"，等他回到码头，部队早已开拔了。3月5日，约克加卡尔塔的铁道工厂日军雇员酒后冲入"慰安所"，殴打"慰安妇"。同日，爪哇27飞联的一名士兵借着酒兴到军队"慰安所"殴打"慰安妇"，并对其施以暴行。[1]飞行第五战队的两名陆军士兵，于11月12日外出，酩酊大醉之际进入将校"慰安所"及混血居民私宅，对三名混血女性殴打二十多次，并将其中的两名女士强行带出。日军众多的违纪记录也从另一个侧面表明，在东南亚的日军占领地，日军"慰安所"是相当普遍的。

作为纪录电影《二十二》的历史顾问，我感谢在2017年的夏天，有600多万中国青年人进入影院，去触摸"慰安妇"——日军性奴隶——这一战争的伤痛。

同样，《被折断的花朵》中文版的出版，将有利于中国读者全面了解第二次世界大战，以及东南亚日军占领的实态，并去思考，这究竟是"解放"还是奴役。感谢作者玛格丽特·哈默尔-毛努·德弗瓦德维勒勇敢而真实地记录这一惨痛的历史，感谢日文版（由荷兰文翻译成日文）的译者村冈崇光教授的正义感，也要感谢中文版（由日文翻译成中文）的译者李越、焦红梅、田野，以及荷兰文译者刘晓敏的辛苦付出。

当我写作这些文字的时候，正好在巴黎出席联合国教科文组织的世界文化遗产国际咨询委员会（IAC）会议。来自中国、韩国、菲律宾、东帝汶、印度尼西亚、日本、荷兰以及中国台湾等国家和地区的学者联合向大会递交了"'慰安妇'的声音"项目。但是，由于日本政府的反对，我们的这个项目被搁置起来。

1　爪哇宪兵队本部：《现役陆军军人、军属非行表》，《爪宪高第六九号别册》，昭和十九年（1944年）三月五日，吉林省档案馆藏。

历史链接着未来。正确认识战争责任问题,是日本战后融入世界、与周边国家和解的基石。以性暴力作为战争工具,更是对全人类的犯罪,必将书入历史,永受谴责。

上海师范大学人文学院院长,教授、博士生导师
苏智良
2017年10月26日初稿于巴黎
2017年11月11日改定于上海

中文版序言

　　她们被称为"慰安妇",这只是一种委婉的说法,事实上"慰安妇"这个说法与"安慰"毫无关系,相反发生在这些可怜的"慰安妇"身上的,却时常是遭受强奸和虐待。
　　这些被日军强迫成为"慰安妇"的妇女不仅在面临强奸时遭受了生理上的痛苦,强奸和虐待行为留给她们的,还有严重的心理创伤。现在,医学家和心理学家可以通过药物和心理治疗手段来治疗强奸暴行受害者的心理创伤。在很多案例中,现在的强奸暴行受害者对于她们的不幸遭遇并不讳言。但是对于日本在20世纪30年代入侵中国期间,以及日本在二战期间,被日军强征为"慰安妇"的那些悲惨的妇女来说,当今的心理治疗手段并不能发挥太大的作用。因为她们遭受的强奸暴行,是日复一日,月复一月,年复一年的。这些残酷的强奸暴行已经彻底地摧毁了不可计数的不幸沦为日本"慰安妇"的中国、东南亚、朝鲜以及西方国家妇女的心理底线。长期的强奸和虐待暴行,已经在她们的心里蒙上厚厚的阴霾,在她们的脑海里挥之不去。
　　随着日本侵华战争的推进,和它在二战中的大肆扩张,日本军队对中国人民、东南亚人民和西方国家的战俘与平民无所不用其极:奸淫掳掠,屠杀虐待。日军席卷了这些被它侵略的国家和地区,给被侵略国家的人民留下深深的伤痛以及难以忘怀的不幸和悲伤。日本在中国的暴行是最多、最残酷的,对中国人民造成的伤害也是最大的。1937年的南京大屠杀就是日军暴行的"巅峰之作":三十万中国军民被血腥屠杀,数万名中国妇女,无论老幼,都被残酷强奸。在当时的南京,在日本太阳旗升起的地方,没有一个中国妇女是安全的。南京大屠杀之后，日军又将它的恐怖扩散到更多占领地区，诸如南京大屠杀中发生的暴行，随着日军铁蹄的践踏，悲剧在更大的占领区内不断重演。对于妇女的性暴力，日军也是登峰造极，除了大肆地强奸平民和战俘当中的妇女外，日军还建立了所谓"慰安妇制度"，并公开在军队和占领区开始运营军队的娼寮——"慰安所"。二战之中，日军的"慰安所"遍布其广大的占领区。

日本诱骗、强迫很多中国和其他国家的年轻女孩和妇女充当"慰安妇"，违背她们的个人意愿，她们当中的很多人因为不从，遭受了日军和日本妓院老板的暴力对待。通过恐吓手段，日军将这些女孩和妇女送到很多特别的军队"慰安所"——这些"慰安所"位于危险的前线，这些女孩和妇女被迫为前线的日军官兵提供性服务。这些"慰安妇"遭遇性侵犯，一天多达数次，而且这种状态是连续好几个月，甚至连续好几年。很多遭受残酷迫害的"慰安妇"埋骨他乡，她们面临的不仅仅是日复一日的强奸暴行，还有营养不良和疾病的折磨。当她们身染沉疴之时，日军就会将她们杀害，一方面因为她们已经没有利用价值，另一方面日军也怕疾病在军中蔓延。很多贞操观和羞耻感强烈的女孩和妇女，在遭受日军性暴力之后，也时常用自杀的方式来求得解脱。

在当时的很多亚洲国家，女孩子是严厉禁止婚前性行为的，如果有女孩在婚前失身，对于整个家族来说，都是丑闻。这种婚前丧失贞洁的现象在当时的很多亚洲国家非常少见，如果一个女孩失去了贞洁，她会被逐出家族，从此孤独一生。由于亚洲国家的妇女大都具有很强的贞操观念，所以绝大多数遭受日军性暴力的"慰安妇"，都会对自己遭受的残酷强奸和虐待，守口如瓶。她们宁愿在余生中独自承受那些由于日军非人的虐待造成的深深的心理创痛。这些残酷的虐待会让一个人陷入精神失常的状态，但是她们不得不默默承受——她们在心理上将自己关进充满绝望和恐惧的小黑屋，心理压力和彻骨仇恨让她们痛苦不已，甚至痛恨自己为什么会成为可怜的女性。这些消极情绪经常会引起身体不适，甚至会让她们病魔缠身。头痛、梦魇、神经衰弱，这些生理和心理上的疾病会伴随她们终生。

因为害怕她们经受的可怕遭遇不被别人相信，所以她们也不愿意把自己的故事向别人倾诉，她们宁愿选择沉默。但是，更多的还是社会的压力让她们缄默不言，因为过去的非人遭遇，让她们觉得羞耻和内疚。以上几点，是大多数"慰安妇"保持沉默，不将日军严重践踏她们人权和人格的暴行公之于众的主要原因。日军依仗暴力强加在"慰安妇"身上的邪恶暴行，让她们充满羞耻感和内疚感。而"慰安妇"自己是无法在内心深处排解对于遭受性暴力的羞耻感和内疚感的。

据我所知，"慰安妇"第一次在公共媒体上发声是在1993年。那位勇敢的"慰安妇"讲述了她的亲身经历。从此以后，越来越多"慰安妇"勇敢地站出来讲述她们真实的故事。她们对于日军的性暴行沉默了将近50年。日本人利用了"慰安妇"长期的沉默，就像日本人对待他们犯下的其他战争暴行一样：他们经常否认受害者的指控，日本方面直到今天仍然这样做。

作为荷兰日军性暴力受害者协会的一员，我坚持认为，日军对于"慰安妇"的性暴力是严重侵犯"慰安妇"人权以及人格的暴行，是不折不扣的战争犯罪！将我所认识的荷兰"慰安妇"的故事告诉整个人类文明社会，让她们的故事不再沉冤莫雪，是我明确的目的。这也是我写这本书的目的。我很高兴，八位勇敢的荷兰"慰安妇"授权我在这本书中写下她们的故事。她们衷心地希望，人类历史上再也不要发生这样的严重的战争罪行。鉴往知来，这是我们的下一代必须知道的发生在他们的上一代的故事：全体人类成员，无论身处何地，都必须尊重整个人类命运共同体的基本权利。

玛格丽特·哈默尔-毛努·德弗瓦德维勒
2017年10月10日于海牙

目录

丛书总序　再塑从全球视野揭露日本罪行的"典范之作"　　1
代　　序　唯有铭记历史才能面向未来　　4
中文版序言　　8

导　　言　　1
第 一 章　埃卢娜的一生　　9
第 二 章　日军强迫妇女卖淫　　27
第 三 章　日本赔款基金会　　33
第 四 章　荷兰项目实施委员会的建立　　43
第 五 章　玛露塔的一生　　51
第 六 章　莉娅的一生　　61
第 七 章　寻找莉娅行踪不明的孩子　　71
第 八 章　埃伦、贝齐、提奈卡　　85
第 九 章　路易丝与安娜　　97
第 十 章　在集中营外被捕的女性　　105
第十一章　巴达维亚临时军事法庭　　113
第十二章　荷兰项目实施委员会的任务圆满完成　　119

第十三章	给予日军强迫卖淫的受害者以国际支援	131
第十四章	诺露切的一生	143
第十五章	项目实施委员会的工作回顾	151
结　语	父母与我	157

| 附　录 | | 170 |
| 跋 | 反思日本的未审之罪 | 194 |

| 译者后记 | 200 |

导言

20世纪40年代，第二次世界大战的战火席卷欧洲。其实，早在二战爆发前的30年代，日本就已经开始着手进行领土扩张。20世纪初的几十年，尽管日本在各个方面，特别是在技术、产业等领域都取得了飞速发展，但是自然资源的匮乏和过于稠密的人口一直困扰着这个国家。因而，在日本看来，领土扩张是在当时形势下最紧要的任务。尽管日本迅速地将朝鲜和中国台湾置于自己的控制之下，但这并没有使它满足，此后日本更是打着建立"大东亚共荣圈"的旗号，继续在亚洲进行领土扩张。30年代初，日本军队入侵中国的东北，在那里建立傀儡政权，并进一步占领了中国东部的大部分地区。此时，日本已经完全成为一个军国主义国家，日本的青少年从12岁开始就要接受军事训练，并被告知一定要打胜仗，从不考虑失败的可能性。在武士道精神的影响之下，日本人将失去颜面视为最大的耻辱。

在所谓"亚洲的事亚洲人说了算"的口号之下，20世纪40年代的日本，一面试图将亚洲从美国、英国、法国、葡萄牙、荷兰的殖民统治中"解放"出来，一面又向该地区不断渗透自己的势力，并借此取得对这些殖民地国家丰富的自然资源的支配权。扩大日本在亚洲的势力范围也包括控制太平洋。1941年12月7日，日本海军偷袭了位于珍珠港的美国太平洋海军基地，重创美国太平洋舰队。由此，美国卷入战争，第二次世界大战扩大至亚洲地区。日本的政治目标就是确立其在亚洲的领导地位，为了达到这一目的，日本发动了血腥的战争。由于这场战争，数以百万计的人或战死在沙场，或丧命于条件残酷的俘虏集中营和平民集中营。然而，即使是在战争后期取胜无望的状况下，日本的最高军事将领仍不知也不愿去结束这场战争。

第二次世界大战在亚洲的终局

1945年5月8日德国投降，标志着第二次世界大战欧洲战场的终结。同年7月，在德国波茨坦郊外的切齐琳宫，苏联、英国、美国召开了波茨坦会议。三国最高首脑约瑟夫·斯大林、温斯顿·丘吉尔、哈里·杜鲁门举行会晤，会议讨论了对于战后德国的处置问题，并作出了决议。此外，为结束第二次世界大战亚洲战场的战事，在会议期间，盟国还在1945年7月26日发布的《波茨坦公告》中确定了日本投降的条件。他们也向日本发出了最后通牒，如果拒绝投降，日本将"直接地完全地被摧毁"。

但是，在宁死不降的武士道精神的影响下，日本政府断然拒绝了盟国的投降要求。至此，为尽快结束第二次世界大战，美国总统哈里·杜鲁门决定采用一种能够摧毁一切的、恐怖的新型武器，并且选定了几个攻击目标。[1]

1945年8月6日早上，美国一架B-29轰炸机飞达广岛上空。8时15分，飞机向广岛投下第一颗原子弹（铀弹）"小男孩"。天崩地裂般的爆炸使城市瞬间毁坏殆尽，几万无辜的非战斗人员顷刻毙命，而在这地狱般的爆炸之后，勉强死里逃生的人们也大都身负重伤，很多人还有严重的烧伤。最终，原子弹爆炸致死人数达到14万人。此后经年，还有大量人员死于核辐射所导致的疾病，一生都饱受核辐射折磨的人更是数不胜数。

然而，在广岛被投下原子弹之后，日本政府的领导人们却仍然顽固地摆出一副"不成功，便成仁"的姿态。因此，美军决定再次投下一

---

[1] 文化之城京都本来在这些目标城市的清单上，然而，由于美国战争部部长斯蒂姆森的介入，这座城市被删掉了，因为斯蒂姆森认为，如果轰炸京都，将会毁掉日本的文化中心。

颗代号为"胖子"的、破坏力更大的原子弹。8月9日，一架B-29轰炸机——"博克之车"飞抵长崎上空。[1]但是，这里的天空云层很厚，能见度极低，"博克之车"没有能够找到市区中心，所以飞行员只得于11时2分将这颗原子弹投向了人口较少的浦上地区。此次原子弹爆炸致使六万五千余人死亡。与广岛一样，此后数年，长崎还有大量人员死于因核辐射导致的疾病。

8月15日，日本终于宣布投降。日本政府所采取的拒绝停战要求的姿态，使日本国民为此付出了惨重的代价。

日本的投降，标志着第二次世界大战的全面结束。尽管早在5月5日，荷兰本土的战事就已经结束，但是直至日本投降，荷兰全境才真正迎来了第二次世界大战的终结。

悼念

为纪念第二次世界大战亚洲战场的终结，荷兰各地于每年8月15日都会举行悼念仪式。在海牙，这个仪式被称作"东印度纪念会"，是由"1945年8月15日纪念基金会"主办的。这一天早上，很多人聚集在世界论坛会议中心，相互致意，倾听关于二战在东南亚地区的一些主题演讲。下午，在特尔德斯维西喷水池附近的草地上矗立着的纪念碑前，追悼仪式继续举行。在那里，人们静立默哀，缅怀那些在东南亚因战争而失去生命的人，以及由于战争暴力而在沙场上战死或因日本占领军的恐怖暴行而丧生的家人和朋友，回忆日军曾经施加在他们身上的那些让人难以忍受的苦难。痛失所爱的悲伤，切肤煎熬的经历，在许多人心中都留下了深深的烙印。

---

[1] 实际上小仓也被选出作为轰炸目标，那里有庞大的军事工业，可是，由于小仓上空乌云密布，目标就转向了另一座候选城市长崎。

引人注意的是，近些年来参加追悼仪式的人们中，多了很多年轻人。他们中，有很多是曾卷入战争的人们的儿孙辈，还有很多其他人，他们或是因为课堂上的学习，或是因某个契机对这段历史产生了兴趣，而纷纷参加这些追悼活动。他们都非常认真地聆听着那些受害者们的故事。口述这些证言，并将这些证言告诉年轻一代，是非常重要的。那些在战争中幸存下来的人们已经时日无多，如果有一天，他们都离开了人世，就要靠年轻一代来继续怀念与铭记这个解放（日）和自由（日）了。自由并不是从天上掉下来的馅饼，我们永远不应忘记，曾经有无数人为了我们的自由而牺牲了他们宝贵的生命！因此，让年轻一代理解和铭记"自由的意义"，比什么都重要。为此，每年5月5日在阿姆斯特丹的达姆广场都会举行国民追悼仪式，每年8月15日在海牙都会举行东印度追悼仪式。除此之外，我们还应当反复地、尽量多地去传述自己的经历和感受。有了这些，对"自由的意义"的理解和铭记才能够流传下去。

强迫妇女卖淫

有一些战争经历，因为过于惨痛，受害人不愿向大众公开，所以不被人知或很少被人知。那些被强迫卖淫的女性（在世界上以所谓的"慰安妇"[1]而被人知晓）就有着这样不为人知的经历。20世纪30年代日本扩张期间及整个二战期间，在东亚和南亚地区，众多的年轻女性甚至年幼的女孩，她们的人权和尊严都遭到了日本军队的巨大践踏。据推测，在旧荷属东印度，有3万名当地土著女性曾在日军"慰安所"中被强迫、被奴役。记者黑尔德·杨森跟踪采访了这些印度尼西亚的受害女性中的很多位，并将她们的证言编撰成了《羞耻与无辜》（*Schaamte*

---
[1] "慰安妇"这个委婉的词语是从日语的字面意思直译过来的（见附录1）。日本人用这个词指代那些被他们安排在日军"慰安所"里工作的女性。

en onschuld）一书。[1]荷兰女性及荷印混血女性也不例外，日军先是从集中营外，后来又扩大至集中营内，将数量众多的荷兰女性及荷印混血女性强行征招至日军"慰安所"，供日军奴役。

"生活改善项目"

20世纪90年代末，日本"亚洲妇女基金"（Asian Women's Fund，缩写AWF）启动了一项旨在援助尚存人世的荷兰籍日军强迫妇女卖淫受害者的项目。该项目要求日本政府负起"道义的"责任，给予这些受害者某种金钱形式的补偿，这就是"亚洲妇女基金"设立的由来。该项目被命名为"生活改善项目"（Life Improvement Project），面向荷兰籍受害者，由荷兰项目实施委员会（Project Implementation Committee in the Netherlands，缩写PICN）具体负责实施。我本人自1998年11月开始担任该委员会的主席[2]，同时兼任日军强迫妇女卖淫的荷兰籍受害者的保密顾问。我将在本书中详细介绍"生活改善项目"的由来及其在荷兰的实施情况，还有荷兰项目实施委员会是如何具体运作的和该委员会在实施中遇到过哪些困难。

此外，我在本书的多个章节中讲述了几位受害者的经历。作为一名保密顾问，我深知自己有义务为她们保守秘密。我与几位受害人建立了亲密的友情，她们同意我将她们过去的经历公之于众。当然，为

---

1 Hilde Janssen, *Schaamte en onschuld*, Nederland: Nieuw Amsterdam, 2010. 摄影师、历史学家扬·巴宁（Jan Banning）给这些女性拍摄了系列肖像照，这些照片被收入到一本荷兰语和英语的双语画册：*Troostmeisjes/Comfort Women*, uitgave Ipso Facto, Utrech/Seltmanntsöhne, Lüdenschid；当时电影制作者扬·范奥施（Jan van Osch）与黑尔德·杨森、扬·巴宁一起走遍了印度尼西亚，关于印度尼西亚的"慰安妇"，他也制作了一个数字视频光盘：《因为我们漂亮》（*Omdat Wij mooi waren*）。
2 从1998年7月28日荷兰项目实施委员会成立到1998年11月，退役将军G.L.J. 海瑟尔任该委员会主席。

了保护她们的隐私，在执笔写这本书时，我用化名代替了她们及其家人的姓名，对她们的个人经历也作了一定的省略。受害者当中有一位女士，要求我在她过世后，才能将其身世披露给世人。她曾直言嘱托我，希望我代她告诉世人，被日军强迫卖淫的经历给她的人生带来了多么大的痛苦。她希望向世人公开，特别是希望能让年轻人了解到，她们这些被日军强迫出卖肉体的受害者们曾遭受怎样的蹂躏。她希望警醒世人，即使是在战争状态中，人权也应该得到尊重。

受她的嘱托，我决定编写本书。她的那些期许，我深有同感。曾经处在花样年华的她们，遭受过怎样的虐待？被强迫卖淫，对她们后来的人生产生了多么巨大的影响？她们所经历的那些苦难，都应该告诉世人。现在，这些受害女性大部分都已离开了人世，而知道她们悲惨人生经历的人，只剩下我一人。[1]因此，即使是使用化名，我也必须用文字记录下她们的人生经历。因为如果不这样做的话，在不久的将来，等我离世之后，她们的故事就只能随我一同埋葬于坟墓之中，永久地消逝。

我将自己和父母在战争中的经历也写在了卷末。其原因在于，有几位受害者曾经向我坦言，她们首先要确知自己倾诉的对象即保密顾问不是一个漠不关心、只走过场的政府雇员，然后才敢申请参加生活改善项目。她们想知道是什么样的契机让我接受了这样一份工作，我本人有什么样的背景。她们想确认，我不是日本人，不是接受日本政府任命的雇员。她们对于日本人仍然怀有深深的不信任。据我所知，对于日本人，持有这样看法的不仅仅是她们。

玛格丽特·哈默尔-毛努·德弗瓦德维勒
2013年2月于海牙

---

[1] 有几位受害人的经历记载，在荷兰项目实施委员会关闭以后，应受害人的请求，被荷兰战争文献研究所（Nederlands Instituut voor Oorlogsdocumentatie，缩写NIOD）收纳，这是在荷兰项目实施委员会关闭以后，受害人要求的。在2078年之前，这些经历记载是不允许被查阅的，即便在2028到2078年之间，也只有取得该研究所所长的允许或公务授权，才可以查阅。

第一章

埃卢娜[1]的一生

---
[1] "埃卢娜"为化名。经她本人和她的亲属允许,本书将她的经历公之于众。

那一朵鲜艳的花蕾，含苞欲放
渴望长大，将花蕊迎向明媚的阳光
曾经一心祈求在阳光下绽放
但是，那美丽的花朵却被血红的太阳残酷地摧残
摧残、摧残、摧残……

　　这首诗，是84岁的埃卢娜在谢世前的数月写下的。起首三行如同童话的开端，寥寥几句勾勒出一个殷切盼望着美好未来的年轻女孩形象，但在诗的最后两行，语气一转变成强烈的控诉，因为她的梦想被那些来自日出之国的军队蹂躏殆尽。第二次世界大战期间，在旧荷属东印度的"慰安所"中，她被那些军人一次次地凌辱，长达数月之久。
　　我与埃卢娜成了朋友。1999年1月，我接到了埃卢娜打来的电话，而在接到埃卢娜电话的不久前，战争受害者基金会（Pelita）[1]的职员曾联系过我。该职员告诉我，一个被日军强迫卖淫的荷兰籍受害女性，在看到荷兰项目实施委员会通过报纸、杂志、互联网及各个荷兰驻外大使馆向国际社会发出的招请启事后，主动联系了该基金会。该职员征求我的意见，问我是否同意将电话号码告诉那位女性。我当然没有任何异议。彼时，我不仅是项目实施委员会的主席，而且还担任了旧荷属东印度地区日军强迫妇女卖淫受害者的保密顾问。
　　此后数日，埃卢娜一直通过电话与我倾谈。这样的倾谈不仅对她，

---

[1] 战争受害者基金会位于海牙。该基金会的主要工作是：为有关战争受害者提供法律法规方面的指导、社会福利和社会服务。

对我而言也有着特殊的意义。起初，我感受到电话那一头的她非常不安，因为她的声音在颤抖，她在拼命抑制着自己的眼泪。有时候，她似乎是把电话听筒放在一边，抽了几口烟。"我无论什么时候都会拿着烟，烟草是我最亲密的朋友。"她向我吐露。之后，随着时间的推移，她慢慢镇定下来。她不再隐瞒，开始告诉我她的一切，甚至是那些只有向丈夫才会吐露的秘密。她的丈夫已经于10年前去世，现在，在这个世界上知道她的秘密的人只有我一个。从她的话语中我能够感受到，她对发生在自己身上的事情感到耻辱，深深的耻辱。有时候，她可能后悔向我吐露了那么多曾经发生在她身上的遭遇。但是，与她谈话的时候，我似乎还感受到，她有一种总算能够将一切都倾倒出来的、解脱的感觉。那是一种自事情发生后的几十年里，从未有过的轻松感。于我而言，请这名女性向我倾诉曾经发生在她身上的遭遇，并请她将这些遭遇整理成文件邮寄给我，也绝对不是一件轻松的事。

1998年7月，日本"亚洲妇女基金"面向荷兰启动了"生活改善项目"。该项目是为了那些在第二次世界大战期间的东南亚地区，被迫成为"日军强迫妇女卖淫"制度牺牲品的，彼时拥有荷兰国籍的女性们所设立的。为了能够接受项目的援助，受害人首先需要向项目实施委员会中的保密顾问提出申请，然后再将自己在战争中的经历撰写成文，交由项目实施委员会进行审核确定真伪。

至1999年1月，我已经陆续收到了多份申请信件。这些女性大都年事已高，她们最终还是选择了申请参加生活改善项目，信的内容都充满着激烈而悲伤的情感。所以，从那时起，我逐渐了解到这些战争受害者们的悲惨经历，我知道她们的不安、惊恐和不得不长期忍受的身体与精神的双重折磨，以及那些长年背负的伤痛，还有至今无法从中解脱的、时时让她们惊醒的过往。她们一生都背负着那些污点，那些污点犹如烙在她们身上一样，让她们感到自己污秽不堪，多少次她们试图洗净那些污垢，却仍感到无尽的肮脏。我也感受到了她们所怀着的那种对被日本士兵无数次强暴的过往的羞耻感。她们都是在日军的哄骗、强迫、暴力下，被送进日本军队的"慰安所"的。

　　1999年1月，我接到埃卢娜的电话，那是我第一次亲耳听到一个女性的声音来讲述这些经历。在此之前，我都是通过信件来体会她们的感受、不安和悲哀的。然而，在我接到埃卢娜的电话，亲耳听到她的讲述后，我才真正能够站在她们的立场上，去实际感受她们的悲惨经历。尽管难以启齿，但我不得不请埃卢娜将她的经历写成文字寄送给我。这是将她的申请提交项目实施委员会进行审定所必需的程序，埃卢娜也理解这一点。她曾对我说，如果没有在电话里跟我一字一句地诉说，她恐怕永远也不会有勇气将这些经历付诸文字。在我们的电话交往当中，她也了解到，我并非是接受日本政府雇用和任命的日本人，也不是那些对她的一生不甚关心的政府雇员，而是一个进行无酬劳工作的、希望对那些曾被日军强迫威胁而成为性奴隶的荷兰籍受害女性们进行援助的志愿者。了解到这一点后，她对把自己的经历写成文字再寄送给我的这个过程感到了些许轻松。此后，她将书面材料以挂号信的方式寄给我。直到此时，我才深深体会到之前那些将自己的悲惨经历以书信的形式向我讲述的受害女性们当时该有多么痛苦。后来我才得知，她们当中的许多人，都曾对到底是否应当提出这项申请犹豫再三。

少年时代的埃卢娜

　　那是一片曾经属于我们荷兰人的殖民地，生活在旧荷属东印度时代的埃卢娜，在那里度过了美好的青春。她和父母、兄长一起住在东爪哇的港口城市苏腊巴亚，父亲是苏腊巴亚的一名公务员。他们的家位于苏腊巴亚市的郊外，房屋小巧而整洁。与有小孩子的普通家庭一样，父亲一早就去上班，妈妈则在"巴布"（当地的女佣）的协助下打理家事，而孩子们每天按时上下学，放学后，学校的朋友们会经常到她的家里去玩。他们全家还经常一起到离苏腊巴亚不远的、地势较高、较为凉爽的特莱泰斯去度周末。那里有父亲祖上的别墅，附近还有游泳池。在那里的周末时光非常开心，埃卢娜经常与哥哥、堂兄弟姐妹们，还有其他的孩子们一起玩耍。埃卢娜的少年时代总是洋溢着欢乐与美好。小学毕业以后，父母送哥哥回到荷兰，寄宿在乌得勒支的亲戚家，进入中学读书，埃卢娜则留在荷属东印度在父母身边继续念完小学、中学。中学毕业以后，她考取了秘书资格证。她同时还学习外语，精通英语、法语、德语，因此找到了一份相当不错的银行秘书工作。

殖民地生活

第二次世界大战爆发以前，那些居住、工作在旧荷属东印度殖民地的荷兰人充满着对美好生活的期待。当地的荷兰人家庭，很多都是世代生活在那片殖民地上的居民，他们的祖辈为了追求更加幸福的人生，移居到东南亚这片乐土，作为开拓者在这里扎下根来。他们来自农业、商业、制造业、公务员、军队等各个行业，来到这里建立家庭，养育后代。1815年以后，这片由无数岛屿组成的广袤土地被称为荷属东印度，成为祖国荷兰的海外殖民地。荷属东印度的领导机构是这样组成的：一位总督，总督之下有几位荷兰驻扎官和副驻扎官，还有几位土著人的摄政官与副驻扎官协同工作。[1]荷兰的教会在这里建立了学校和医院，当地的上流社会沐浴着教会的恩泽。荷兰企业在这里修建基础设施，包括道路、铁道、港湾、机场，等等。荷兰企业家们还得

---

1 在二战之前，（殖民政府）曾试图以"人民会议"的形式开始和土著知识分子一起小心翼翼地讨论未来新的领导机构的组成方式，旨在使土著能够更多地参与政府领导机构，但是战争爆发后，此事就被搁置了。

到殖民地政府许可，在这里开发出了咖啡园、茶园、甘蔗园、橡胶园，并雇用了大量当地人在此劳作。当地经济繁荣，咖啡、茶、糖、橡胶、香料的买卖非常繁盛，对于荷兰人来说，殖民地是一个可以获得巨大利润的地方，而且这里还蕴藏着石油、锡、铝土等天然资源，储量非常丰富。在大多数情况下，当地居民都能得到很好的待遇，很多当地人在咖啡园和农田中劳作，收入相当不错，当然也有例外。[1]当地人也被荷兰人雇用在他们家里工作（如做女佣"巴布"、洗衣女工、花园男工、司机），也能得到较为丰厚的收入来补贴家用。随着时间的推移，这里出现荷兰人与当地人通婚的现象，也有欧洲男性与当地女性姘居的现象，因而就有了由荷兰男性与当地女性的婚姻和姘居而生出的"东印度荷兰人"[2]。

开战

1941年12月7日，日军攻击位于珍珠港的美国太平洋舰队，拉开了第二次世界大战太平洋战场的序幕。随后，美国、英国、荷兰以及澳大利亚都向日本宣战。起初，荷兰并没有料到会直接和日本发生战争。但是，1942年1月，日本向荷属东印度发起了进攻，并占领了加里曼丹和西里伯斯岛。2月28日，日军登陆爪哇，仅仅一周后荷兰皇家军队东印度军就缴械投降了，日军占领了荷属东印度。对于日本来说，占领荷属东印度不仅意味着可以得到将战争继续下去所需要的石油等天然资源，其重要性还在于，可以通过强制劳动让这里的人为日

---

[1] 总督达恩代尔斯（H. W. Daendels）主持修建了大邮政路。在修路和在苏门答腊岛上的种植园这两件事上，土著劳力和中国劳工的损失都非常惨重。
[2] 东印度荷兰人，也叫"印都"（Indo），就是有东印度血统的荷兰人，因此是混血的：荷兰男人与土著女人结婚生育的后代，或荷兰男人与土著情妇姘居而生的法律承认的子女（及他们的后代）。东印度荷兰人拥有荷兰国籍。

本提供战争所必需的大量劳动力。

战争爆发给埃卢娜及其家人造成的后果

埃卢娜的父亲被征入伍，他所在的荷兰皇家军队东印度军在开战后便被日军成建制地俘虏了，随后日军把这批俘虏转押到锡兰查普的战俘营。其后，他又与其他士兵一起被塞进船舱运往新加坡。在那里，他们又被塞入拥挤不堪的火车，押到泰国修建缅泰铁路。[1]共计约有四万两千人（除了荷兰军人也有英国和澳大利亚的军人）成为日军的俘虏。他们不断地被送往荷属东印度以外的其他地区，被侮辱、奴役，遭受着奴隶般的待遇。[2]

截至1943年9月初，埃卢娜和母亲一直留守在苏腊巴亚。起初，她们住在自己家中，但是后来由于没有了丈夫的收入，母亲渐渐无法继续带着她留在家中，现实迫使她们不得不与滞留在这里的其他主妇和孩子们共同生活。而且，对于一个带着20岁漂亮女儿的母亲来说，这样也能够相对安全一些。唯恐落入日军之手[3]的母女二人曾数次辗转于诸位友人的家里，可是，在1943年9月她们还是被迫登记注册，被安排住进了日本人设立的平民集中营。日本军政府将白人男子关进战

1　缅泰铁路横跨缅甸和泰国，缘于日本人想绕开经由新加坡和马六甲海峡的那条危险的海上通道。这条约400公里长的铁路是从1942年10月1日开始修建的，劳动力是二战盟军的战俘和劳改犯（Romoesja's）。铁路横穿茂密的原始森林和山岭地带。一批劳工从缅甸境内的谭比优哉亚易（Thanbyuzayay），另一批劳工从泰国的班旁（Ban Pang）同步修建。1943年11月两批劳工相遇，铁路修建完成。然而，这条铁路是以众多生命为代价修成的：劳改犯中有8万至10万人死亡，盟军战俘中有1.5万人死亡。（Nieuwsmagazine, informatie van de Stichting Japanese Ereschutden, augustus 2012 no. 2, omslagpagina.）

2　P.W. van der Veur, *Indo-Europeanen tussen 1942 en 1962* (koninginnegracht, Den Haag: Sdu Uitgeveij, 1995).

3　尽管最初的半年，在今村（Imamura）司令的指挥下，日军的这种行为（指掳掠、强奸女孩子。——译者注）会受到严厉的惩罚。

俘营，妇女、儿童和老弱病残则被监禁于平民集中营。日本人企图通过这种手段，排除荷兰人对当地居民的影响。他们将这些集中营称为"拘留所"，宣称要用"拘留所"将荷兰人从当地居民的手中"保护"起来。日本军政府希望通过这些手段来掌控当地居民，迫使他们成为奴隶，去执行日本陆军和海军的任务，或者去做强制劳工。[1]埃卢娜母女最初被关进了苏腊巴亚达鲁莫地区的集中营。大约一个月以后，她们同数百名妇孺一起被押上火车转移到爪哇岛中部的安巴拉瓦村一带，并被关进另一所平民集中营。

集中营里的生活

　　集中营里的生活条件相当恶劣，妇女们没有一点隐私可言。几十个人挤在一间窄小的房间里，每个人睡觉的地方最多60厘米宽，儿童的甚至更小。小木棚里放着她们仅有的随身物品。

　　妇女们试图用毛毯来维护每个家庭的最后一点点隐私。有一个亲历者对我说起过，她母亲将毛巾竖挂起来，贴上纸条标明"这是古拉伊斯的家"。她们的食物很差、不够吃，而且日渐减少。日军陆续送来新人，这点可怜的空间也随之更加局促。所有人都营养失调，但是日军不顾缺乏营养的状况，依旧强迫身体极度虚弱的女性参加严酷的劳役。埃卢娜的母亲被编入所谓的"铁锹队"，用前端有铁齿的铁锹平整土地，种植蔬菜。她们还会种西红柿之类的蔬菜，不过那是专供日本兵食用的。埃卢娜等年轻女性则被派去打扫"茅房"，而"茅房"仅仅是在地面挖几道沟而已，集中营的人们在沟里大小便，那里污秽不堪，必须尽量打扫干净。集中营里疟疾肆虐，排泄物释放的恶臭让人不堪

---

1 Winnie Rinzema-Admiraal, *Java, het laatste front*, Uitgeversmaatschappij Walburg Pers, Zutphen, 2000; Bedum, *Romusha van Java*, Profiel Uitgeverij, 2009.

忍受，加之这里地处热带，处处可见各色虫蚁蚊蝇。

酷烈的、肮脏到令人恶心的劳役，难以果腹的食品，糟糕的卫生状况，使得集中营里疾病丛生，而应对的医药要么没有，要么数量严重不足。营养不良，过分劳累，因缺乏药品无法获得治疗，致使很多人因病死亡，其中大多数是儿童。

更有甚者，日本兵动辄施以毫无道理的体罚。鞠躬不够深，就要遭到痛打。[1]在烈日下长时间整队，点名也成了灾难，妇女们在日军兵营前一字排开，用日语自报数字，万一中途日本兵忘记数到哪儿了，便只得"一、二、三……"重新来过。有些女子试图越过竹子栅栏，用内衣同外边的当地居民换取少量食物，但是，与当地居民联系、私自交换物品是被严格禁止的。这种所谓的"越栅栏"是非常危险的行为，一旦被发现，她们就会遭到极为恐怖的惩罚。

""慰安妇'的挑选"

1944年2月的一天，集中营的上级命令所有17岁到28岁的未婚女性排列站立。之后的事情让这些女子们感到羞耻不堪。一群日本兵一个接着一个从头到脚毫无顾忌地观看、"检查"她们。"检查"完毕后她们才被允许返回各自的小屋。几天后，这批女孩子再次被命令排成队，怀着强烈的屈辱感她们再度接受如同牛马般的贴身"检查"。日军遣散了其中少数几位，留下了埃卢娜等十来个女孩，她们被勒令收拾好随身物品。日本人说要送她们去烟草厂劳动，饮食待遇也将大幅提高，

---

[1] 在集中营里，所有被囚禁的平民和战俘（孩子们也不例外）都必须对日本军人深鞠躬。集合的时候人们会听到这样的命令："立正！鞠躬！"然后是，"躬毕立正，稍息！"另外，任何时候只要人们遇见日本军人就必须深鞠躬。在日本，人们见面时互相鞠躬是他们的习惯。鞠躬鞠得越深越尊重对方。平民和战俘们必须通过深鞠躬来表示他们对日本天皇的尊重。日本军人代表着天皇，所以人们必须向他们鞠躬。

可没一个人相信日本人的话。集中营的头领们和绝望的母亲们恳求日本人别带走这些女孩子，但日本兵不顾人群的哀嚎和阻止，用步枪逼着那群女孩子，然后把她们如同货物一般扔进卡车，押到三宝垄。

卡车在一栋大房子前停下来，日本兵把她们押了进去。有很多女孩子已经站在里面。日本军官让她们报出姓名并在某种文件上签下自己的名字，这些文件上全都是日语，她们根本看不懂。女孩子们不愿签字，他们就用暴力强迫，最后所有人都不得不在文件上签了自己的名字。事后她们才知道，这份文件上注明，她们"自愿"成为"慰安妇"。强制签字手续办完后，她们被编入若干组，继续押往下一站——位于三宝垄的几所被当做"慰安所"的房子。

埃卢娜和其他八名女子被安置在一幢大房子里，里边有大小不等的几个房间。主屋旁边的小屋里有厨房和一间小小的食堂，房子四周有院子，一道院墙将其与外界隔开。她们一起在一个大房间里吃完饭后，就被带到各自的小房间，埃卢娜被分配到靠里的房间，里边有一张低矮的床，铺着薄薄的被褥。此外，还有衣柜、小桌和椅子等简单陈设。透过一个小窗子可以看见花园的一角。墙上除了一面小镜子外没有任何其他装饰品。她注意到门后贴着一张写有日语的纸条，埃卢娜读不懂文字的意思（日后她才知道，这是给来"慰安所"的客人们看的"客人守则"）。门外边也贴着用日语写的文字。走廊里还有一间可以用盆子接冷水冲洗身体的公共浴室。

在"慰安所"的生活

因为紧张和不安，她几乎一夜未眠。天亮以后，她们被带到靠近门口的一间被当做接待室的大房间，她们被告知每个人都要按顺序在那个房间里接受日本医生的检查。一个女孩子先于埃卢娜被带入检查室。听到那个女孩子的哭泣声，埃卢娜意识到里边正在发生某种残酷的事情，轮到她的时候，她马上就明白了，这并不是普通的身体检查。她被脱掉裤子，然后被按在桌子上，她试图挣扎，但是被两个日本兵用力压住，根本无法抵抗。医生从她的下体开始检查，埃卢娜号啕大哭，去踢咬日本医生的助手，试图挣脱他们的按压，但是她被日本人狠狠地压住，只能任由医生继续检查。

尽管检查的时间不是很长，但埃卢娜感到极为恐怖、卑贱，她感到深深的屈辱，泪如泉涌。随后她又被带进另一个大房间，在那里和其他那些"检查完毕"的女子们一起抽泣着，蜷缩在一起。等到所有人都到齐以后，一个负责管理她们的被称作"妈妈桑"的日本女人来到这个房间。女孩子们问那个"妈妈桑"，之后将会怎样，"妈妈桑"回答她们说："从明天起就会有日本兵来你们这里，你们要温柔地接待他们，要让兵大爷们开心、舒服。"女孩们不久就明白了所谓的让兵大爷们"开心"的含义。

妈妈桑指示她们说，兵大爷们完事以后，她们必须用某种器具向身体里注入一种清洗剂，用以洗干净身体。妈妈桑还说，日本人非常害怕感染性病，所以必须事先做好身体检查。尽管士兵们都被要求使用避孕套，但为了以防万一，她们还是必须彻底将自己的身体清洗干净。她们每个人都被取了一个日本名字，房门外的日语文字就是她们的日本名字。

女孩子们不知道妈妈桑在说什么，对这类事情她们一无所知，她们站在那里茫然无措。因为在此之前，这些女孩子都没有过性经验。那个时代，婚前性行为是绝对不可想象的，无论父母还是学校，几乎或者可以说是完全没有教过她们这些。究竟会有什么样的命运等待着自己，她们感到死亡一样的恐怖。士兵们明天就会到来。房子周围都是围墙，看守得非常严密，根本别想逃跑。

那是一个悲惨至极的晚上。她们每个人都不得不面对"特别的客人"。来到埃卢娜房间的是一个日本军官。埃卢娜甩开那双想要抚摸自己身体的大手，她向对方吼叫，不准他的手碰触自己的身体。她拼尽全力地踢、推搡、撕咬、抓挠对方。在激烈的抵抗之后，那个军官将埃卢娜强行压住，用闪着寒光的军刀威吓她，使劲抽打她的嘴巴。对抗结束了，他剥开她的衣服，把她扔到床上，夺取了她的贞操。后来埃卢娜才知道，其他女子也都接待了这样的日本军官"客人"。那天晚上，给她们做检查的医生和"慰安所"的老板也强暴了她们。日本军官享受强暴处女的特权。[1]

第二天，第一批客人出现了。埃卢娜又与进入她房间的男人进行了激烈的争吵，她拼命踢咬对方。她痛哭流涕，哀求对方不要碰触自己，但是毫无效果。士兵们根本不听她的哀号，继续侵犯她。一个人完了以后，下一个，再来一个，似乎永远没有尽头。埃卢娜和同伴们被带到的是一间低级军官和士兵专用的"慰安所"。那些粗鲁的士兵根本就不管那些关于使用避孕用具的规定。

其他女孩子，也曾发疯似的数次扑向锋利的刀刃，拼命地进行抵抗，但最后都只能任由那些日本大兵粗野地强暴。几天之后，大多数人都失去了抵抗的力气，甚至有人威吓她们说，如果继续抵抗的话，就杀掉她们被关在集中营的家人。埃卢娜不得不放弃了抵抗，如同一个没有意识的木偶，第二天、第三天……每天都会遭到20个左右的士兵强奸。她停止了与对方的争斗，任凭对方侵犯，但是她从来不会所谓"郑重地"去迎接客人，能不开口就不开口，尽量去回想迄今为止自己人生中最快乐的事情。就像电影一样，回想着苏腊巴亚灿烂的青春，特莱泰斯美好的周末。对她说来，这些回忆是让自己在"慰安所"当中苟活下去的最好办法。

大约两个月以后，突然有一天，一切都结束了。某一日，"慰安所"突然被关闭。听说有一位母亲，她的女儿也被强行从集中营中带走，她抓住了某个机会，向一个日本军队高级军官通报了女儿被抓走

---

[1] 这样的事不是在所有的地方都发生，有时候，姑娘们是事先被一个日本医生用仪器捅破处女膜的，有时候根本就没有医生。

的事情。那个高级军官立刻采取了措施，结果是，不久便从东京传来命令，要求各地将那些关有从集中营强行抓来的女孩子们的娼寮立刻关闭，女孩子们终于被人从"慰安所"带了出来。把女性从集中营抓走并强奸她们是违反国际战争法规和《日内瓦公约》的。但是，整整两个月，女孩子们在日本军队的"慰安所"中，每天被无数的日本兵侵犯。尽管那些更加可怜的、被人随意摆布侮辱的亚洲女性比她们所遭受蹂躏的时间更长，但是这些悲惨的经历仍然为她们的人生留下了难以消除的阴霾。

与家人团聚

在"慰安所"关闭后不久，她们被货车移送到茂物附近的戈塔帕利集中营。在那里，埃卢娜与母亲重逢，其他女孩子们也与从各个集中营赶来的家人见面。日军把这些被强征来的、被迫充当"慰安妇"的女孩子们集中到戈塔帕利的一个收容所里。那里还住着一些职业妓女。这是日本人的伎俩，因为包括埃卢娜在内的这些女孩子，原本都是日本人无视她们的意愿，强行将她们押入"慰安所"的，可是日方这样安排，故意让人以为她们是自愿为日本兵服务的。因为"强迫卖淫"这一概念在当时根本没有人知道。

这些可怜的女孩子，不久就被深深打上了耻辱的烙印，在集中营的其他居民看来，她们是为日军服务的娼妓，是玩物。对她们来说，这比曾经屈辱的经历更难以承受。然而，回到集中营几周后，埃卢娜就发现了一件更为可怕的事情，她怀孕了。她叫喊道："啊！我决不能忍受这样的事情！"她是一个基督教徒，在一般情况下，她绝对不会想到要把孕育在自己身体里的小生命处理掉，那是她的信念，她认为既然有小生命孕育在自己的身体里，就必须尊重他。这个幼小的生命，对他父亲犯下的罪过没有一丝责任。但是，她问自己，自己真的能够一生都面对这个曾经强暴了自己的男人的孩子吗？这个孩子长大后能够接受这个事实吗？将来，如果这个孩子向自己询问关于那些被强奸的经历的时候，自己能够向孩子编造谎言吗？

不安、悲伤、绝望、愤怒，一波一波向她袭来。这种感情最后凝结成一种憎恶感。对于那些强暴过自己的日本人，她怀着强烈的憎恶，现在对这个在自己体内不断成长着的、还没有出生的小生命，她也有一种憎恶。她觉得，自己绝对不可能用爱去接受这个孩子，一定会慢慢憎恶这个有着日本人血统的孩子，她意识到有这个可能性，是的，多半会如此，她开始这样想。

埃卢娜最后选择了流产。因为没有麻醉药，流产手术是在没有进行麻醉的情况下实施的。没想到，连老天爷都在怜惜她，想减轻她的痛苦，使她在手术一开始时就失去了意识。胎儿被集中营的医生取了出来。后来她才得知，尽管这个女医生没有什么手术器具，但是她技术非常娴熟，埃卢娜的身体没有受到任何伤害。

新加坡

1945年8月15日，日本投降，平民集中营的人们终于在8月23日得到了这个消息。在此期间，印度尼西亚独立战争（Bersiap[1]）正如火如荼地进行着。白人在普通道路上行走都非常危险。因此，大部分女性和儿童都留在集中营里，这个时候，他们竟然需要靠日本人的保护来躲避那些年轻的印度尼西亚人的攻击。所以，但凡能有一点可能，白

---

[1] "Bersiap"的字面意思是"立即战斗"。这个词后来是指1945年8月17日以后突然出现的混乱局面。8月17日那一天，苏加诺和哈达宣布印度尼西亚独立。受之前几年日本人宣传的影响，很多年轻人想要立即强行取得自由。他们在"自由"的口号下，以锋利的竹制长枪为武器，到处烧杀掠抢。数以千计的荷兰人被这些年轻人以残暴的手段杀害。

种人就会抓住机会马上逃往国外。一天，埃卢娜和她的母亲在英印部队（敦刻尔克士兵）的保护下乘坐运送货物的汽车逃往巴达维亚港，在那里乘船抵达新加坡。通过红十字会，她们才知道埃卢娜的父亲由于营养不良和过度劳累已经在泰国死于修建缅泰铁路的工地。

  这个消息对她们来说是一个巨大的打击，让她们悲痛至极。既然这样，她们希望尽早返回荷兰，但是不得不在新加坡等待舱位，那时候，要等到船舱有空位足足需要两个月。事后想来，这段等船的时间，对于埃卢娜来说是非常幸运的。因为在那期间，她认识了自己未来的伴侣，荷兰士兵达恩。那是一场不折不扣的一见钟情。两个人在一场傍晚举行的舞会上邂逅，他们深深爱上了对方。达恩确信，埃卢娜正是那个能与自己共度一生的女性。但是，在日军"慰安所"中的经历，以及之后的流产，让埃卢娜一想起自己的过往，就充满疑虑和不安。她向达恩坦白了一切，并对达恩说，如果达恩不愿意跟她结婚，她会非常理解，而达恩对埃卢娜说，她的过去丝毫不会影响他对她的爱。尽管这样，埃卢娜还是请他再认真考虑一年再说。

回国

  1946年2月，埃卢娜和母亲一起出发回到荷兰。在荷兰，住在乌德勒支的安丝姨妈热情地接纳了她们。埃卢娜的哥哥小学毕业后被送回荷兰，就已经借住在安丝姨妈家上中学，现在与哥哥重逢，看到他一切都好，她感到非常开心。在姨妈的斡旋下，埃卢娜不久就在乌德勒支大学谋得了一份秘书的职位。她对这份工作非常满意，她的美貌很快就让她赢得了不少男性的爱慕。但是，她从未理会过那些爱慕者，她的心只向往着遥远的新加坡。

  达恩也没有忘记埃卢娜，整整一年对他来说太过漫长，他等不了了。他丝毫不怀疑，埃卢娜会成为自己的妻子。但是，当时达恩必须在新加坡等待婶母白露达和她的两个女儿。1938年，年轻的达恩离开荷兰来到荷属东印度，在这里赌上了自己的未来。初到荷属东印度的时候，是叔父扬和他的妻子白露达及其两个女儿海妮和卡鲁拉一家一直照顾着他。战争期间，婶母和她的两个女儿被关进集中营，并在那里患上了严重的疾病。现在，她们三人仍住在医院里，她们也要排号等待转往新加坡，时间不会很久。

达恩和叔父扬都曾作为俘虏被驱使修建缅泰铁路。日本投降前数月，叔父就染上了痢疾，可工地根本没有必要的药品，致使叔父不幸客死他乡。达恩和叔父不在同一个集中营，叔父死后数日，他才听说此事。因此，他觉得自己有责任在新加坡等待白露达婶婶和两个幼小的堂妹，并尽快将她们带回荷兰。他打定主意要与埃卢娜结婚，决定一回到荷兰，就向她求婚。

1946年7月8日，达恩按响了埃卢娜的姨妈安丝家的门铃。这突如其来的造访，让埃卢娜不敢相信自己竟然如此幸运，她欣然同意与达恩结婚。达恩让埃卢娜相信，她在日军"慰安所"的经历，她的流产手术，都绝对不会妨碍他对她的爱。不仅如此，他还会帮助她忘记过去的一切，与自己共同努力开创新的人生。埃卢娜自己也意识到，当她与达恩邂逅的一瞬间，她就感到自己已经找到了一个希望与之共度一生的男人。

埃卢娜与达恩于1947年1月举行了婚礼。他们的新家建在荷兰的东部，达恩开始为父亲工作。他们生了两个儿子，分别取名扬和本。埃卢娜对自己的家庭、生活和工作都十分满意。但是，噩梦、头痛、忧郁感经常缠绕着她，让她十分痛苦。达恩是一个非常温柔、爱妻子胜过爱自己的丈夫。他一直都坚持不懈地努力让埃卢娜平静下来。他接受她，倾听她的话语，竭尽全力地帮助她。对于埃卢娜来说，达恩是最好的丈夫。渐渐地，埃卢娜终于能够将自己在战争中悲惨的经历置于脑后，把它放在自己内心深处的某个角落。

丈夫去世后，埃卢娜的余生

1989年7月8日，就在达恩按响安丝姨妈家的门铃向埃卢娜求婚整整43周年的日子里，他毫无征兆地死于心脏病发作，仅70岁。埃卢娜的人生崩塌了。为了让她能够从悲伤中走出来，两个儿子和儿媳想尽各种办法，悉心照顾她。为了让她能够尽早平静下来过上安定的生活，长子为她在自己住处的附近重新找了房子。儿子和孙子们也经常到她的新住处来看她。

一切似乎都在向着好的方向发展，但是突然有一天，那个她觉得已经隐藏在内心深处某个角落的往事，像噩梦一样向她袭来。她做了很多事情来转移注意力，报名参加一个大型庭园的志愿者活动，整天面对着植物，参与户外活动。工作的效果非常明显，让她可以完全埋头于那个庭园之中，非常开心。可惜，1994年的一天，她的脊背突然不能自由活动了。她在接受了腹壁疝手术之后，身体的疼痛得以治愈，但遗憾的是，在那所漂亮庭园中的工作却无法继续下去了。

她只能拼命读书，在阅读中寻求解脱，但是战争中的记忆又不断地开始折磨她。于是，她干脆放弃回避，开始阅读描写那场战争的书籍，并定期购买荷兰的东印度团体出版的报纸和杂志，发现了其中一个名为"季风"的团体。有一天，她在报纸上看到了荷兰项目实施委员会登载的招请启事：那些第二次世界大战期间在东南亚地区被日军强迫卖淫的、当时拥有荷兰国籍的女性，如果愿意接受"生活改善项目"的资助，可以向该委员会的保密顾问报名申请。看到这则启事以后，埃卢娜就是否报名犹豫了好几个月。但是，她只要一想到要把那些迄今为止只告诉过丈夫达恩的悲惨经历告诉某个官员，就感到非常害怕，而更糟的是那个人可能还是个日本人。连她的儿女们，都不曾知道她在战争中经历的全部事情。他们只知道母亲曾经和他们的外祖母一起被关进日本军队的集中营,曾经挨饿,他们的外祖父曾经作为俘虏,被日军役使修建泰缅铁路,并死在了那里。但是关于她自己曾经是日军强迫妇女卖淫的受害者这一事实,儿女们一点也不知道。[1]

最后,埃卢娜终于决定给"战争受害者基金会"打电话。对着电话那一头的办事员,她只是简短地告诉对方自己符合报纸上刊登的招请条件,但是,她希望能够在报名之前先与保密顾问谈一下。因此,我接到了战争受害者基金会的电话,问我是否同意将电话号码告诉这位女性。

后来,埃卢娜成了我的朋友,我们每周都通一次电话。我曾两次拜访她的住所。在我们互通电话和会面的时候,她向我讲述了自己的一生。我也告诉了她我自己年轻时候和父母的经历。我们俩有很多共同的经历。我也出生在苏腊巴亚,有可能我们是乘坐同一列火车被押至安巴拉瓦的。正是因为这些相同的经历,她强烈地感到与我之间有一条纽带。她开始把我当做家庭的一员,时而还会用当时旧荷属东印度的荷兰人与当地人说话时使用的马来语跟我讲话,这让她感到非常开心。她希望知道更多我的过去,想知道关于我和我父母的一切,特别是想知道我为什么会从事与旧荷属东印度战争受害者相关的工作。看到她这么想知道这些,我就将这些因由全都告诉了她。

2006年,埃卢娜身患重病,卧病在床。不久后,她在儿孙的围绕下安然去世。

---

[1] 埃卢娜在去世前几个月给她的儿子们写了一封信,在信中她还是把自己的经历告诉了他们。在这封信里,她也向他们解释了我是谁。我和她的两个儿子都有过长时间的交谈。

第二章

日军强迫妇女卖淫

"慰安妇"制度的开端

埃卢娜只是日军强迫卖淫的、据保守估计也有20万人的"慰安妇"中的一个。20万人,这个数字,只是一些人的估计,他们当中也包括一些日本历史学家。关于"慰安妇"准确的数量,目前已经无法确切得知,因为在1945年8月15日日本投降前后,日本方面将能证明日军当局及日本政府参与此事的相关文件几乎销毁殆尽。

在战争和其他武力冲突发生的地方,敌方士兵们将少女和女性们当做性的战利品,历朝历代概莫能外。但是,20世纪30年代,日本入侵中国时,日军对中国女性的暴行之残忍程度远远超出了人们的想象。日军的伦理观和军纪都恶劣到令人发指的程度。掠夺、杀人、强奸竟然成为家常便饭,而过于频繁的强奸行为,也导致了性病在日军士兵中间蔓延,战斗力低下,这种现象让日军高层深感头痛。于是,在1932年,军部高层在日本政府知情的情况下,针对当时毫无约束的日本士兵的强奸行为,决定从日本召入职业妓女,在驻扎地开设专门的娼寮。同时也决定征用中国女性。有些部队的上层军官甚至专门命令士兵,让他们去"慰安所",以此为之后的战斗积蓄能量。[1]

1937年,日军不分对象,毫无顾忌地强奸、杀戮。在中国的大都市南京,有数万名女性被强奸,大规模的拷打、杀人事件不断上演。众所周知的"南京大屠杀",成为日军大规模设立军队专用娼寮,即所谓"慰安所"的导火索。从此以后,日军指挥官发出命令,哄骗和强抓年轻女性和少女设立"慰安所"。根据日本军队高层军官提出的参考意见,他们不再从占领区(中国大陆)征集女性,而是从别的地方,主要是从朝鲜和中国台湾征集女性。这样做的理由如下:

---

1 Winnie Rinzema-Admiraal: *Het Geschonden Beeld* (in eigen beher, 1993).

- 将境外的女性集中起来在"慰安所"服务，可以避免因士兵强奸过多的中国女性造成反日情绪高涨。
- 设立军用"慰安所"，可以定期检查征用女性的感染性病情况，可防止日本士兵因感染性病而导致的战斗力低下。
- 考虑到中国女性（大陆）可能会泄露军事秘密，所以要征用不会讲汉语的女性。而且，由于她们不会说当地语言，可以基本杜绝她们从军用"慰安所"中逃出的可能性。

通过欺骗、强制、暴力等手段征集来的这些朝鲜和台湾女性，在她们还惊魂未定的时候，就被强迫当做"慰安妇"投入军用"慰安所"，或被强迫随日军出发上了前线，这是为了让战壕里的日本士兵能够把他们临战前的恐惧发泄在这些女性身上。数月乃至数年，她们被日本士兵蹂躏，日复一日、一日多次地成为日军发泄兽性的对象。因为生病和过劳而惨死，因为感染性病或其他传染病无法医治、无法再被"使用"而被杀害，或是因为不堪羞辱而自杀的女性屡见不鲜。

在第二次世界大战期间，日军征服了东南亚之后，在占领地区，例如菲律宾和马来西亚，强迫当地女性充当"慰安妇"的情况也越来越多。

在旧荷属东印度，为了博得当地人的好感，起初，日本军人常常会去当地的娼寮流连于职业妓女之中。但是，不久他们就开始半哄骗半抢抓地征集土著女性和留在集中营外的拥有荷兰国籍的女性，然后强迫她们在军用"慰安所"卖淫。从1944年初开始，他们也从集中营里带走荷兰少女和年轻女性，并强迫她们卖淫。根据史学家巴鲁特·范普鲁海斯特的调查，大约有200到300名荷兰女性被日本人强制带入日军专用"慰安所"，但也有一些集中营妇女们集体反抗，使日军强行征用年轻女子的计划没有得逞。那是在梭罗[1]、巴东[2]、三宝垄附近的盖达冈集中营。

1　梭罗集中营事件的目击证人的证词被收入本书，见附录2。
2　鲍勃·舒特马克（Bob Schuitemaker）先生的述词被收入本书，见附录3。

长久的沉默与沉默的终结

对于这些践踏人权的行为，战后的日本政府一直都沉默不语，那些遭受了这种折磨后而幸存下来的女性们，也因为强烈的羞耻感，保持了半个世纪的沉默。特别是亚洲女性，如果被人知道曾被强奸，将会使家族蒙羞。因此，如果想要将事情公之于众，她们将不得不与家族断绝关系，处于完全孤立的境地。

1991年8月，一位有勇气的韩国女性金学顺女士勇敢地站了出来，第一个告诉大家自己曾经遭受的不幸，并对日本政府提出了诉讼。金学顺的行动给了国际社会强烈的冲击。1992年，日本教授吉见义明[1]发现了几份能够证明日本曾经强制女性和少女卖淫的文件，至此，日本军队曾经参与强征女性充当"慰安妇"这一事实已经非常明确。在这种情况下，日本政府无法再顾左右而言他，决定对此问题进行广泛的调查。日本政府1993年发表了所谓"河野谈话"[2]，作为此项调查的结果，在谈话中，河野承认："'慰安所'是在当时的军事当局的要求下运营的。当时的日本军队直接或间接地参与了'慰安所'的建立和经营，以及'慰安妇'的运送。……在很多案例中，她们是通过哄骗、强迫等手段并违背她们本人的意愿被征招的。"河野还承认："这种行为严重伤害了很多女性的名誉和尊严。"日本政府对这一事实深表歉意，并表示要从这段历史当中汲取教训，但是，丝毫没有触及是否要通过立法给予被害者以补偿的问题。[3]

1　吉见义明（Yoshiaki Yoshimi）教授于1992年1月11日在日本最大的报纸《朝日新闻》（*Asahi Shimbun*）上公布了他找到的文件。
2　"河野谈话"，见附录4。
3　"河野谈话"强调了教育的重要性，所以强迫卖淫的问题被写进小学和中学的日本历史教科书。但是，自1997年以来右翼组织对此发出了一些批评，这个问题也就草草地被处理了。

"亚洲妇女基金"的设立

1994年，以日本社会党村山富市为首的联合内阁成立。在此之前，战后的日本内阁基本是自民党执政，他们对于"慰安妇"制度的存在一直持否定态度。感谢村山首相，在对待日军强迫妇女卖淫的受害者这件事上，日本政府毕竟还是做了点什么。村山认为，在下一次大选中，社会党取得绝对多数席位的可能性几乎为零，而未来的内阁在关于是否通过立法来补偿日军强迫妇女卖淫的受害者这一点上，恐怕也不会采取与往届内阁不同的政策。

另外，村山判断，鉴于自民党目前仍有相当的政治影响力，实现立法来对"慰安妇"制度受害者们给予补偿是难以想象的。如果不采取其他形式的对策，对日军强迫妇女卖淫的受害者给予补偿的可能性将会越来越小。当时仍然在世的受害者女性，年龄大都在60岁以上，其中有卧病在床者，也有挣扎在贫困线上生活难以为继的人。她们已经等待不了多久了。在村山看来，进行补偿这件事"要么现在发生，要么永远不会发生"。他认为，日本政府应负起"道义的"责任，对日军强迫妇女卖淫的受害者们给予补偿。于是，村山决意设立"亚洲妇女基金"。当时，许多普通的日本市民也参与了捐赠活动。[1]

1995年8月15日，为纪念第二次世界大战终结50周年，村山首相发

---

[1] 1994年斯里兰卡的拉迪卡·蔻玛拉斯瓦米（Radhika Coomaraswamy）女士（人权方面的法学家）被任命为联合国有关妇女遭受暴力方面的特别报告人。在这个职位上她研究了日军强迫妇女卖淫的问题。她肯定了"亚洲妇女基金"的建立是向好的方向迈出了一步，但同时她也提出，受害者仍然保有要求日本官方给予法律上的损害赔偿的权利。联合国的另一特别报告人盖伊·默克道高（Gay McDougall）女士，在她1998年6月22日的报告"关于武装冲突期间制度性的强奸、性奴役及类似奴役的种种行为"中也说，不能把"亚洲妇女基金"的人道主义的主动行为当做令人满意的解决方案，根据国际法，受害者在获得法律承认和法律复权方面的权利要求将依然存在。

表了著名的"村山谈话"[1]。就在同一天,"亚洲妇女基金"开启了大规模的全国募捐活动,通过媒体呼吁日本企业和普通民众积极捐款。"亚洲妇女基金"的主旨在于,通过捐赠活动,来表达对第二次世界大战中受到日军伤害的亚洲女性们的深深歉意和深刻反省。这项捐赠活动募集到了一笔相当大数额的款项,征集到的资金通过"亚洲妇女基金",以罚金之名支付给了因"慰安妇"制度受到伤害的韩国、菲律宾和台湾地区的女性,被发放者每人大约领取到了33000荷兰盾的赔偿金额。(然而,在这些国家和地区,人们把这笔将要支付的"罚金"看作是一种"爱心捐款"或"安慰金",因为钱是募捐而来的。人们觉得女性们因此再一次受到了伤害,所以"亚洲妇女基金"在发放这笔罚金时遇到了很多阻力。特别是在韩国,抗拒"亚洲妇女基金"的人占了多数。)

"亚洲妇女基金"也设立了项目。在支付罚金之外,这些被称做"医疗与福利"的项目也已经在中国台湾地区和菲律宾付诸实施了。"亚洲妇女基金"的所有项目完全由日本政府提供资金,所有项目的费用没有使用日本企业和民众的捐款。这个区别很重要,因为项目所需经费来源于政府,因此不能将其视为所谓"安慰金"的一种。荷兰也有一些反对者,他们以"安慰金"的称呼为依据,表示了对"亚洲妇女基金"的不赞同态度。但是我认为这并不合理。因为在荷兰所启动的这个项目,是由日本政府所提供的资金实施的。[2]

"医疗与福利"项目不仅在荷兰,在印度尼西亚也实施了,在那里项目实现的方式是建立了21座养老院。

为了在荷兰建立此项目,"亚洲妇女基金"通过驻海牙的日本大使馆找到了日本赔款基金会。[3]

---

1 "村山谈话",见附录5。
2 见附录6。
3 最初"亚洲妇女基金"联系了荷兰政府。但是荷兰政府不能作为另一方与"亚洲妇女基金"进行协商,因为荷兰政府已经在《旧金山和平条约》和《斯蒂克-吉田协议》上签了字。日本方面认为:执行了该条约和该协议,损害赔偿的支付问题就已经完全解决了。因此,战争受害者的个别的赔偿要求就不能再支付了。

第三章

日本赔款基金会

日本赔款基金会（De Stichting Japanse Ereschulden，缩写 JES）成立于1990年4月4日，发起者是斯多克-普拉克（Stolk-Polak）夫妇和"东印度荷兰人联合会"（Vereniging Indische Nederlanders，缩写 VIN）的理事会。日本赔款基金会成立后，各种损害赔偿诉求纷至沓来，也引起了传媒界极大的关注。1990年5月，甚至有一个日本电视摄制组在基金会秘书处录制了节目，几位领导者就日本赔款基金会的目标和活动这个主题接受了采访。在日本赔款基金会章程的第二条里明确规定了它的目标，简单概括如下：

- 日本政府承认罪责；
- 日本政府向荷兰受害者道歉；
- 荷兰受害者因遭受由日本入侵造成的苦难而获得赔偿。

日本赔款基金会是一个民办的、独立的、非营利的机构。自1996年起该基金会作为一个非政府组织（NGO）获得了联合国的正式承认，具有名册地位。[1]

多年来日本赔款基金会一直致力于通过日本的法律诉讼迫使日本官方为八个不同类别的战争受害者支付损害赔偿。该基金会在不同级别的法院屡次起诉，已经诉到了日本最高法院，但诉求总是被驳回。每一次日本都搬出1951年9月16日签署的《旧金山和平条约》[2]和1956

---

[1] 日本赔款基金会网址：www.jesinfo.org。
[2] 基于1951年缔结的《旧金山和平条约》第16条，日本向曾经的荷兰战俘（荷兰东印度军和荷兰海军）支付了金额为每人264荷兰盾的赔偿。日方支付的总金额为1100万荷兰盾。

年3月13日签署的《斯蒂克-吉田协议》[1]给自己做挡箭牌。日本法官辩解道：日本已按《旧金山和平条约》和《斯蒂克-吉田协议》支付了款项，损害赔偿的问题已经解决，日本已经尽到了义务。

基于《旧金山和平条约》，日本政府向战俘们支付了一笔款项：每人264荷兰盾。对被囚禁的荷兰平民，此和平条约中未做任何安排。因此，1956年荷兰政府与日本政府签署了《斯蒂克-吉田协议》。在协议中双方同意：每个被囚禁的平民可以得到一笔385荷兰盾的款项作为赔偿。在双方政府看来，这两笔微小的款项应该已经能够赔偿战争受害者所遭受的损害了。多么荒谬！但是，日本政府认为，这个协议把问题解决了：没人能要求日本政府再继续承担责任了，日本已经尽到了义务。很多旧荷属东印度的战争受害者认为，荷兰政府当时以自己同胞的权利做了一个交换。经济动机和政治动机在此扮演了重要角色。[2]

日本占领了东印度后，给那里的人民造成了巨大的痛苦和损害，因此日本政府最终还是向受害者给予了一定的赔偿，但是很多战争受害者在他们的有生之年没能亲历此事，所以一直觉得很不公道。我父亲对此事也非常气愤。在我父亲于1994年去世后，我主动提出为日本赔款基金会工作，我母亲为此深感不悦。她警告我说："孩子，你这是要干什么呀？日本人是不可信赖的。"然而，我还是愿意为基金会贡献一份力量，所以，已经是基金会领导成员的我的表叔如德·玉恩格还

---

1 在1956年最终达成的《斯蒂克-吉田协议》中确定：日本应向荷兰政府支付一笔总数为1000万美元（约3800万荷兰盾）的款项。荷兰政府应该把这笔钱分发给那些当年被囚禁的荷兰平民，即那些经政府查实、自己也提出了权利要求的人。最后分下来的结果是，这些被囚禁者每人收到了385荷兰盾。

2 基于《旧金山和平条约》和《斯蒂克-吉田协议》所支付的赔偿金额，与日本所犯下的严重的战争罪行及其对人权的粗暴践踏，根本不相符。日本赔款基金会认为，《旧金山和平条约》和《斯蒂克-吉田协议》中的一些条款，在国际人权法的意义上看来是有争议的。另外，日本对待和处理战争罪责的方式与德国悬殊，德国为他们的罪责做了悔罪补赎：公开向全世界认罪并自愿向他们的战争受害者支付赔款100多万亿德国马克。还有，在日本偷袭珍珠港之后，美国和加拿大也拘禁了侨居在这两个国家的日本平民：12万在美国的日本人，2.2万在加拿大的日本人。这些作为战时敌国侨民被囚禁的人，后来得到了很好的安排，因为美国和加拿大遵循了国际惯例。美国和加拿大向这些被囚禁的人支付了一笔赔款，平均每人2万美元，免税。（来源：《日本赔款基金会信息公报》，1991年10月17日。）

是把我介绍给了日本赔款基金会的理事会。

在日本赔款基金会的工作

从1994年年底到1998年年初，我作为志愿者在日本赔款基金会负责理赔工作。舒尔德·拉普瑞先生当时是该基金会的主席。他是皇家军功章的获得者，他获得了皇家勇士勋章，只有很少的人才会被授予这个荣誉。他还因在"警察行动"[1]中超凡的勇敢表现而获得了女王陛下亲自向他颁发骑士勋章这一殊荣。此外，他人也很好。基金会的捐助者们很欣赏和器重他。他的座右铭是"勇往直前"。一旦开始做某事，他就会坚持下去，直到取得好结果。在基金会和日本诉讼这两件事上，他就是这样做的。日本赔款基金会找到了八位日本律师，他们接受"不胜诉不付费"的前提条件，代表八类荷兰受害者进行诉讼，其中一类就是"日军强迫卖淫的受害者"。艾伦·范德普鲁荷女士是此类诉讼的原告（代表）。

我在该基金会的工作由各种各样的活动组成。我负责与所谓的"国外地区办事员"保持联系。这些办事员就是一些身在国外作为传话筒为基金会履行职责的人。我也做了很多行政工作，诸如给提问的人写回信；如果有大的邮件必须寄出，我也帮忙把邮件准备好。日本赔款基金会曾主办过一个展览，由玛格丽特公主殿下剪彩，我全程参与了展览的筹划准备工作。基金会每月组织一次在日本大使馆门前的示威，示威用的横幅标语都是我和基金会的同事们在我家车库里做的。直到

---

[1] 当时的舒尔德·拉普瑞（Sjoerd Lapré）中尉率领他的38名部下，面对占据强大优势的反抗者印度尼西亚人，没经过血战，却取得了普尔沃德玖市（Poerworedjo）（离马格朗市不远）。这次行动避免了重大人员伤亡，因为事后检查发现，印尼反抗者在很多房屋的地下已经埋好了地雷。Theo Gerritse, 'Guerilla tegen het nationaal schuldgevoel', *A lemeen Pagblad*, (28 Jan. 1995): 47.

今天，基金会仍然在每个月的第二个星期二组织示威活动。人们还是风雨无阻赶来参加，只可惜这几年人数变少了。每个月，日本赔款基金会的主席都会在一个或几个其他理事的陪同下向日本大使呈递一份请愿书，请求大使把请愿书转递给东京的日本政府。

我在担任日本赔款基金会理事期间，还与电影导演布鲁斯·贝尔斯福德（Bruce Beresford）进行了深入细致的书信交流。事情的起因是：他在他的电影《天堂之路》中插入了一个段落，是关于集中营里的几名女性的，这几名女性，正如在电影中重现的那样，是自己报名到日本军营"慰安所"当"慰安妇"的。关于此事，日本赔款基金会收到一封来自扬·鲁夫－奥赫恩女士愤怒的信。奥赫恩女士是在1944年被日本军队以虚假的托词从安巴拉瓦第六集中营骗出，在三宝垄的一个军营"慰安所"里被强迫成为"慰安妇"的。[1] 被强迫卖淫的问题，由于贝尔斯福德先生在电影中的重现，变得就好像"慰安所"里的女性都是自愿选择当"慰安妇"似的。很遗憾，我们针对此事的抗议没有取得任何结果。这部根据海伦·寇莱茵（Helen Colijn）女士所写的《生存之歌：一个真实发生的故事》[2] 改编的电影，还是首映了。可是，关于曾经的"慰安妇"们，电影里的那些形象都是建立在不真实的基础上的。

---

[1] Janmre Ruff-O'Herne: Vijftig jaar zwijgen, Dit verhaal is opgenomen in Oorlogsdocumentatie '40–'45, Vijfde jaarboek van het Rijksinstituut voor Oorlogsdocumentatie, (Zutphen: Walburg Pers, 1994), p. 46.

[2] 在苏门答腊的一个平民集中营里，有两位非凡的英国音乐人，诺拉·婵波斯（Norah Chambers）女士和玛格丽特·珠莱博（Margaret Dryburgh）女士，她们凭记忆默写出了亨德尔、勃拉姆斯、贝多芬等人的作品的乐谱，并组建了一个交响乐哼唱团。没有乐器演奏，哼唱团通过哼唱，让人们听到了古典音乐。就连日本人也被这个哼唱团震撼了。玛格丽特·珠莱博也是那首令人难忘的歌曲《囚徒赞歌》的曲作者，这首歌经常在8月15日的纪念活动上被演唱。

与"亚洲妇女基金"的协商

1995年年底，荷兰政府要求日本赔款基金会就日军强迫卖淫的荷兰受害者一事与"亚洲妇女基金"进行协商：用什么方法或什么形式能够为受害者建立一个项目。为此，我们在日本赔款基金会的理事会内设立了"慰安妇"委员会。我是委员会的一员，后来又被任命为日军强迫卖淫的荷兰受害者的保密顾问。我们在该基金会的期刊上刊登了招请启事，希望那些当时拥有荷兰国籍而现在居住在世界各地的日军强迫卖淫的受害者们能看到。日本赔款基金会只是在受害者和"亚洲妇女基金"之间充当了一个调节者，这一点很明确，因为该基金会的立场是：日本政府应该自己承担这个责任，并向日军强迫卖淫的受害者支付法律赔偿，而且应该正式道歉。该基金会认为：日本政府把责任推卸给了（建立在日本的道义责任基础上的）"亚洲妇女基金"这个民间组织，是想以这种方式逃脱它的法律责任。基金会永远都不能也不愿意把自己转化成这个项目的实施者，所以，要想完成项目，必须单独组建一个机构来实施这个项目。

当然，如果日本官方能在法律基础上解决这个问题，那我们是很乐意的。后来建立的荷兰项目实施委员会的理事会也毫不怀疑地认为法律解决比道义赔偿更好，道义赔偿就是当时"亚洲妇女基金"所提供的赔偿。然而，因为"法律解决在未来几年内能在日本议会获得多数支持"这一假定是不现实的，也因为那些还在世的受害者们在此期间都年过60岁，有些甚至已经年过七旬，所以荷兰项目实施委员会认为，这仍然不失为一个好时机，让日本无论如何做出一个金钱上的举动，哪怕仅仅是立足于日本的道义责任的。正如"亚洲妇会基金"的创立者村山富市先生所指明的，对这些受害的女士们来说，这件事"要么现在发

▲ 扬·鲁夫-奥赫恩女士

著名的维护"慰安妇"人权的斗士,三宝垄日军强征"慰安妇"事件的受害女性之一。

生，要么永远不会发生"，我们（荷兰项目实施委员会的理事会）完全同意他的看法。

从1995年到1998年，"慰安妇"委员会与"亚洲妇女基金"通过日本大使馆的两位工作人员进行了一系列的协商。这两位先生每星期都会出现在日本赔款基金会的办公室，他们代表"亚洲妇女基金"与我们协商"亚洲妇女基金"项目在荷兰的最佳形式是什么，将怎样达到？"慰安妇"委员会提出了一个问题：为什么荷兰受害者不能得到赔偿金（每人33000荷兰盾）？回答是：这在荷兰是不可能的，因为有《旧金山和平条约》和《斯蒂克－吉田协议》。他们认定这已是不可改变的事实，不想再深谈。[1]因此，必须建立一个项目，这个项目由日本官方出资。日本方面有意建立一个医疗保健中心或养老院。我们认为，这类东西没有任何意义，因为在荷兰我们已经有很好的医疗保健体系，荷兰受害者们也不需要一起住在养老院，而且，当时沦为日军强迫卖淫制度的受害女性，有很多荷兰人或东印度荷兰人，她们在二战以后已经从旧荷属东印度移居他国，诸如美国、加拿大、澳大利亚。这些受害女性将不会从医疗保健中心或养老院中受益，而这肯定不是建立项目的本意。

经过两年半漫长而艰难的协商，我们最终总算达成了一致：在荷兰为受害者建立的项目应该以改善受害者的生活现状为内容。"生活改善项目"的概念就这样诞生了。这个项目将为受害者在医疗和福利方面提供金钱上的帮助。她们将连续三年收到一笔款项，她们可以用这笔钱支付自己在医疗和福利方面的花费，即广义上的医疗和福利。"亚洲妇女基金"通过日本大使馆的两位谈判者向我们提出了一个要求：受害女士们可以把钱花在她们想要的物品或事情上，可以是一次出游、一个新沙发、一个助听器，等等，但所有花费都必须出示发票。关于这一点，"慰安妇"委员会的成员们当然坚决不同意。我们觉得这会让受害者再一次受到伤害和感到羞辱，强烈地拒绝了这一要

---

[1] 见本书第十二章：《荷兰项目实施委员会的任务圆满完成》，"第二次去日本"小节。

求。可是,"亚洲妇女基金"坚持他们的立场:发票必不可少。"慰安妇"委员会努力了三个月,试图改变"亚洲妇女基金"的想法,但没有达到预期的结果。

在此期间,时任日本驻荷兰大使池田维(Tadashi Ikeda)先生请求已离休的将军豪夫尔德·海瑟尔(Govert Huyser)出任即将成立的荷兰项目实施委员会的主席,该委员会将负责"生活改善项目"的实施。作为最后的希望,"慰安妇"委员会借此机会向海瑟尔先生求助,问他是否能通过他的力量让"亚洲妇女基金"不再坚持关于发票的要求。海瑟尔先生当然愿意做这件事。他完全同意我们的意见,即如果受害人每一次花费都必须向"亚洲妇女基金"汇报,那对当事人来说,就是受辱。

海瑟尔先生通过一封仅有三行的简短书信向池田大使通告了"如果'亚洲妇女基金'仍然坚持这个会让受害者受到伤害和感到羞辱的要求,那么他将不会出任荷兰项目实施委员会的主席"。此举立刻收到了预期效果。海瑟尔将军出任主席,是日本人非常想要的,为此,发票的事必须退让。经过位于海牙的日本大使馆、位于东京的日本政府和"亚洲妇女基金"之间一整天的频繁电话和电子邮件往来之后,他们最终决定不再坚持要发票了,但是,受害者当事人必须在一张事先印好的表格上圈选出她想要在哪个方面花费这笔钱,然后表格还必须由保密顾问签字。这就是一种形式官僚主义!这个最后的要求,我们还能承受,还能调整适应。至此,路上的障碍都清除了,该开始行动了。

第四章

荷兰项目实施委员会的建立

时候到了，现在我们要建立一个机构：荷兰项目实施委员会，并组建一个理事会。如日本人所愿，已经退役的将军豪夫尔德·海瑟尔将出任主席，这一点已很明确。海瑟尔先生一向很务实。他认为，既然现在日本这笔可支配的资金是给这些日军强迫卖淫的荷兰受害者的，那就应该让受害者自己而不是别人来选择，是否接受"亚洲妇女基金"的"生活改善项目"的资助。豪夫尔德请我出任该委员会的副主席并继续担任受害者的保密顾问。理事会已经成立，各类事务也安排妥当。至此，项目实施委员会可以开展"生活改善项目"了。[1]

荷兰受害者可以自由选择

我们把是否报名参加该项目的选择权明确地交给了受害者本人。这与亚洲国家的受害者的情况正相反：在那里是由受害者协会这样的组织或官方当局替她们做出选择的。在一些国家和地区，例如韩国、菲律宾以及中国台湾地区，这笔被"亚洲妇女基金"称作罚金的钱本可以支付给每个受害者个人，金额大约是每人33000荷兰盾。因为这笔钱出自日本民众和日本企业给"亚洲妇女基金"的捐款，捐款可以免除个税，所以这笔罚金在这些亚洲国家和地区被视为爱心捐款。那里的人们认为，受害的女士们会因此再一次受到伤害和感到羞辱，所以各种

---

[1] 见附录7。

妇女组织和一些官方当局拒绝了这笔罚金。受害者本人不能自己选择。在韩国，情况如此。只有很少几位受害女士历尽周折才接纳了这笔钱，其后果是她们遭到了有关组织和其他受害女士的鄙视。

"亚洲妇女基金"在印度尼西亚早就开启了这个项目，但那里的很多受害者并没有从中受益。"亚洲妇女基金"同意了印尼当局的提议：该项目在印尼的内容是建造10所养老院。因为养老院是为这个项目建的，所以建造费用由日本官方出资。然而，受害的女士们却没有从养老院中得到好处。按照印尼的习俗，老妇人一般都是与家人或亲戚度过余生的，在偏僻的村落居住的人肯定是这样的，大多数受害者正是这种情况。记者、人类学家黑尔德·杨森（Hilde Janssen），在印尼对二战期间被日军强迫卖淫的50位女性进行了多年的追踪调查研究。她采访了这些女士，并把采访写成了一本书《羞耻与无辜》。摄影师、历史学家扬·巴宁（Jan Banning）和黑尔德一起走遍印尼，完成了此项调查，他为这些女士拍摄了令人印象深刻的肖像照。这些肖像照后来汇

▲ 在荷兰鹿特丹艺术馆举办的印尼"慰安妇"肖像摄影展

集成画册《慰安妇》，并在鹿特丹的艺术馆、阿纳姆市（Arnhem）的布隆贝克（Bronbeek）"东印度纪念中心"以及其他地方陆续展出。

在荷兰由项目实施委员会这个机构负责"生活改善项目"的实施，同样是由日本官方出资。与该项目在印尼的情况正相反，在荷兰，来自项目的钱将直接送达受害者本人，这才是项目的本意。

免除个人所得税

项目实施委员会还有一个坎儿要过：财政部。为了避免居住在荷兰的受害者因为这笔由项目付给的赔偿金而缴纳个人所得税，项目实施委员会和财政部做了一个约定：项目付给的赔偿金不在纳税范围内。财政部就此给项目实施委员会出具了一封信函，通告项目赔偿金的获得者们，这笔钱不必缴纳个人所得税。

我们把这封信函的复印件寄给了所有被项目实施委员会认定并居住在荷兰的项目赔偿金的获得者。这样，她们手里就有了一个证明，她们可以把这个证明出示给税务部门。我们和"退休金与救济金理事会"也做了同样的约定，即项目赔偿金的获得不影响从该理事会领取救济金。

理解备忘录

我们与"亚洲妇女基金"商定的"生活改善项目"，通过一个理解备忘录被确定下来。这个备忘录主要包括以下几方面：

● "亚洲妇女基金"将把总额为2亿5500万日元的款项汇入项目

·46·

实施委员会的银行账户，分三年付清，每年付总额的三分之一。这笔钱是日方支付的总金额，也就是说，这个总金额将被平均分配给受害女士，人数是指在规定期限内自己申请并且由项目实施委员会认定可以获得项目赔款的人的总数。
- 项目实施委员会将决定谁可以获得项目赔款，前提条件是：只有还活着的受害者才可以申报此项目。很遗憾，那些已经去世的受害者的法定继承人无权申报此项目。那些在截止日期前已经书面申报而之后去世了的受害者，她们的法定继承人可以承接此项目。那么，究竟哪些女士有权获得项目赔款呢？关于这个问题，我们采纳了以下标准：必须是第二次世界大战期间身处东南亚的拥有荷兰国籍的女性，并且是被日本人通过欺骗、威胁或强迫、暴力手段，违背本人意志，强行安置在军队"慰安所"或类似场所工作的"慰安妇"。这既包括那些在集中营外被抓的女性，也包括那些从集中营被带走的女性。同时，"亚洲妇女基金"和项目实施委员会一致商定，那些经过调查核实，是通过欺骗、威胁或强迫、暴力手段，违背本人意志，被多个日本军人以群体的方式定期经常性地强奸的女性，也有权申请项目赔款。
- 项目赔款将分三期（每年一期）向那些由项目实施委员会确认可以获得项目赔款的人付清。

项目的开启

"生活改善项目"于1998年7月28日开启。这一天，在日本大使池田先生的官邸以招待会的形式举行了理解备忘录的签字仪式。很多人受邀出席，荷兰和日本双方的新闻界也给予了极大关注。很多报纸都对此事进行了报道。日本方面，除了"亚洲妇女基金"的副主席山口先生之外，该基金的秘书长伊势（Momoyo Ise）女士及她的秘书真仲（Tomoko Manaka）女士也出席了签字仪式。

理解备忘录由日方的"亚洲妇女基金"副主席山口先生和荷方的项目实施委员会主席、已经退役的将军豪夫尔德·海瑟尔签署。借此备忘录的签署，"生活改善项目"在这一天正式开始了。

在项目开始的同时，当时的荷兰首相威姆·考克收到了日本首相桥本龙太郎的正式的书面道歉[1]，为二战期间日军强迫荷兰女性卖淫的所作所为道歉。后来，我收到了这封道歉信的复印件，又复印了多份，邮寄给了那些得到项目实施委员会确认的受害者。对这些受害女性来说，桥本首相的道歉信是最重要的。有了这封信，她们终于才在五十多年后感觉到她们的苦难被承认了。实际上对她们来说，收到桥本首相的道歉信的复印件比收到项目赔款重要很多倍。这也使她们感觉到接受项目赔款不那么难了。

很遗憾，豪夫尔德·海瑟尔由于妻子生病不得已于1998年11月把项目实施委员会主席的职务交给了我。好在他还担任总顾问，没完全离开项目实施委员会。这一点，不但我们理事会的全体成员很感激，"亚洲妇女基金"和日本大使也很赞赏。

项目实施委员会的实施工作

在此期间我们已经在国内和国外投放了无数的招请启事，渐渐地我们收到了一些愿意参加项目的女性的申请。每一份申请都由我首先配给一个编号，然后只复印一份。之后，再用涂改液把申请人的个人信息涂白，以消除复印件上的个人信息。最后，我又把涂白个人信息

---

[1] 道歉信见附录8。

的申请复印件再复印6份，提交给委员会成员。

阅读这些女性所经历的悲惨事件，是一件非常困难的事。一开始，我几乎整夜难以入眠。项目实施委员会的理事成员们显然也遇到了同样的困难，受害者在申请书中讲述的遭遇骇人听闻。

"亚洲妇女基金"把截止日期确定在1999年1月15日。受害者必须在这个日期之前提交她们的申请。然而，从"战争受害者基金会"那里，我们听到了推延截止日期的迫切要求。这个机构的几名社会福利工作者反映：有几位日军强迫卖淫的受害者感觉，让她们把已深藏了多年的惨痛经历再翻出来，极其困难。再次遭受的伤害非常大，重新撕裂伤口也是异常残酷的，随之而来的还有深深的耻辱感。不容置疑，我们必须给这些女性更多的时间去考虑，是否愿意为了能够得到"生活改善项目"的资助而向保密顾问报告自己的痛苦经历。她们感觉对我（保密顾问）讲述那段经历非常困难，我在和埃卢娜交谈之后才真正明白这件事。

项目实施委员会把"战争受害者基金会"的这个要求向"亚洲妇女基金"提出了。"亚洲妇女基金"完全理解，并把申请期延长了一年多，截止日期延至2000年3月15日。

在第一年里，我们注意到，有10位符合项目条件的女士在申请时已经病情严重且时日不多了。我们与"亚洲妇女基金"商定，我们将向这几个"紧急案例"尽早付款，为的是让她们能够感觉到"正义"最终还是以某种形式出现了。当然那时我们还不能确切预计将领取赔款的人的总数是多少，因为毕竟截止日期延后了。于是，我们就首先估算了一个向这些"紧急案例"支付的金额。后来，在确知了有权获得赔款的受害者的人数时，我们很快把余额也付给了她们。遗憾的是，有一位女士玛露塔当时已经去世了，享年74岁。

第五章

玛露塔[1]的一生

---
[1] "玛露塔"为化名。当事人允许我将她的经历公之于众,前提条件是她和她家人的名字不用真名,我照办了。

玛露塔，1925年出生于苏腊卡尔塔（梭罗），她在那里度过了少女时代。

战争期间，玛露塔和母亲，还有同母异父的弟弟一起住在平民集中营的外面，这可能是因为她的母亲是混血。根据日本当局实施的"血统"规定，只要女性能证明自己的印尼血统达到规定的百分比，她就可以不用被关进平民集中营。玛露塔的生父，在她6岁那年就去世了。和母亲一样，父亲的祖上也是混血，而且是地地道道的"印都"（Indo，印度尼西亚人和欧洲人的混血儿）。她很喜欢生父。在父亲去世四年以后，母亲和一个带着女儿的荷兰人再婚了。在玛露塔眼中，这位继父很无趣，她始终不明白这个男人到底有什么地方吸引了母亲。在母亲和这名男子结婚前夕，玛露塔也曾向母亲表达过强烈的不满。后来，这个新组成的家庭搬到了三宝垄。母亲在几次流产后，终于在1940年生下了一名男婴，这名男婴就是玛露塔同母异父的弟弟，但这个男孩儿不太健康。

第二次世界大战战火蔓延到东南亚以后，所有健康的成年男子都被征召加入荷兰皇家军队。玛露塔的继父也不得不应征入伍。后来，他成为日军俘虏，被强制拉去修建泰缅铁路。再后来，又同其他俘虏一起被（从泰国）运到日本福冈的煤矿，在日军强制下劳作。

在集中营外生存

玛露塔的母亲,要养育三个孩子(除了她和小弟弟之外,还有继父的女儿),生活非常艰辛。作为混血儿,要在平民集中营外生存下去也绝非易事,尤其在失去了继父的收入而仅存的现金也很快见了底的情况下。他们必须想办法弄到现金才行。被逼无奈的母亲只能带着三个孩子搬到村里的一座小房子,把想尽办法搜罗到的一些材料制作成动物玩具,和玛露塔一起努力卖这些玩具以获取微薄的收入。家具,以及两任丈夫和祖上留下来的随身的贵重物品都被卖掉换成了粮食。卖东西的活计都交给了玛露塔,因为她外表不错,又很灵巧,很懂得发挥自己的魅力让顾客买下自己的商品。

被宪兵抓走

1944年4月的某一天,18岁的玛露塔又带着东西准备去售卖。她走在半路时,突然停下一辆汽车,两个宪兵从车上下来,问玛露塔是干什么的。玛露塔一脸茫然,老实回答说是去卖东西的。"士兵哥哥,看看这个漂亮的手镯怎么样?"玛露塔问了一句。可日本兵做手势让她跟着一起走,他们抓住她,把她塞进了车里。

玛露塔被带到一座房子前,到傍晚时,这里聚集了一百名左右的小女孩和青年女子。她们和玛露塔一样,不是被宪兵抓来的,就是被军队找的中间人带来的。玛露塔从几个少女口中听说,日本警察闯进老百姓家里要强行带走年轻姑娘,她们的妈妈们哭着请求,希望能允许由自己代替女儿。可是她们怎么反抗都无济于事。那些年轻女子随后都被扔进卡车，带到各个地方。

玛露塔和30名女子被带到一个由旅馆改建的"慰安所"。在那里，她们被几个日本兵从头到脚地审视、检查。一部分走运的女子被断定没有魅力，而玛露塔却被认定为20名合格者中的一员。她也曾问自己到底为何被选中，但无人回答她。此后，医生对她们进行了体检。惊恐万分的女孩子们被带到一个房间，轮流进入体检室。她们被男人牢牢地按在检查台上，她们想挣脱，拼命大声呼叫，可都是白费力气。突然，一个日本医生把一支金属器具插进她们的身体，除去了她们的处女膜。一边哭泣一边流血的姑娘们轮流检查完后，又被带回原来的房间。有几个姑娘害怕得直发抖，她们肩靠肩蜷缩在一起。有人送了吃的来，让她们吃点儿东西，但她们什么都吃不下去。

海外军用"慰安所"

这些年轻的女孩子们，哭泣了整整一夜，一点儿都没有休息。第二天，她们被拉上火车，运到了东爪哇。日本兵监视得非常严，她们根本不可能从队伍中逃出来。一天后，她们被带到苏腊巴亚，漫长的旅途终于结束了。她们被关进一个像旅馆的地方，几天以后，包括玛露塔在内的7名女孩子又被挑了出来，就押上卡车，驶向港口。到达港口以后，她们又被弄上货船，甲板上铺着垫子，她们就睡在垫子上面。大家脑中都是一片混乱，惶恐不安。这艘船要开去哪里？日本兵会有什么企图？她们不明白自己对日本兵到底有什么用处。经过五天的航程，她们终于到达目的地。她们得知，那是弗洛勒斯岛。

岸边排列着几处营房。上岛后，她们被带到海岸旁边的一座楼房里。直到这个时候，她们才得知，带她们到这么远的地方来，就是要让日本兵享乐的。有人告诉她们，所谓的"让日本兵享乐"是什么意思，听到后这些年轻女子都开始怀疑自己的耳朵。迄今为止，她们当中没有一个人有过性体验，也没有接受过性知识教育，这在那个时候很正常。等待自己的将是什么？该怎么办才好？大家都怕得要死，惶恐不安，甚是凄惨。第二天中午，第一批客人到来了。可怕的一幕就此拉开。卫兵抓到哭着想逃跑的姑娘，不由分说就把她们关进房间，任由那些客人对她们凌辱施暴。从那天开始，她们就像是被放在传送带上一样，每次都要被数十个日本兵连续强奸。虽然有规定士兵要使用避孕套，可没人理睬那些规定。

在军队专用的"慰安所"里，自己到底是怎样保住性命的，玛露塔至今都没想明白。她称那里为地狱。大概一年后，这种羞耻的生活终于画上了休止符，因为在一次定期体检时，她被发现患上了性病。她对日军已经没有用，于是，她被安排和两个已到怀孕后期的同伴一起，坐上了当地渔民驾驶的渔船。经过几个星期的航行，历尽磨难，玛露塔终于回到自己的家。

家人的反应

回到家中之后，她把自己的遭遇告诉了母亲，但是让玛露塔感到震惊和悲伤的是，母亲根本不相信她的话。母亲责备她，认为她失踪的那天，卖掉了自己交给她的贵重物品，并带着卖东西的钱离家出走了。母亲坚持认为玛露塔卖身给日本兵是为了想过好日子。自己跑掉，留下母亲受苦受累，她就是个没有廉耻的东西。玛露塔的小弟弟在她回家前的几个月死掉了，她理解母亲的痛苦。玛露塔觉得，丧子的痛苦让母亲无法理解她的悲惨经历，所以母亲才会对自己这样刻薄。因为母亲再也无法承受更大的打击了。

终于，玛露塔再也无法忍受母亲的指责，她冲出家门，投靠到一个印度尼西亚女朋友家里。之后，她又靠自己的努力移居到了荷兰。

在弗洛勒斯岛日军"慰安所"，那些让她不得不忍受的强暴，以及因此而染上的无法治愈的性病，一生都在折磨着她。她再也无法相信男人，不想和任何男人打交道。她一生都与男性绝缘，因此，她终身未婚，并且和家人断交。后来她才知道，不仅是母亲，还有她的继父和继父的女儿，都不相信玛露塔是被日军强奸的。

玛露塔是"紧急案例"中的一人

玛露塔，尽管一生都没有得到过别人的照顾，但是她很满足于一切靠自己的力量走来的人生。她有几个非常要好的女性朋友，经常来往。

玛露塔向荷兰项目实施委员会提出申请，声明自己有资格享受赔偿金时，已是重病在身。因乳腺癌，她的两个乳房和淋巴结都被切除。尽管如此，癌细胞还是转移了。作为紧急案例，她的申请获得批准，并获得了全额补贴。她去世前，我把桥本首相的道歉信的复印件寄给了她。

收到这封信时，她十分欣喜。她一直使用的一套旧沙发因为年久失修，已经坐着不舒服了，有些凹陷，起身很费力，于是她就用刚领到的特别赔偿金购置了一套新沙发。可是，她享受那套新沙发的时光非常短暂，她于同年（2000年）离世，享年74岁。

玛露塔的葬礼

玛露塔生前，我从未见过她。她的住处离我家很远，我很后悔没有去拜访她。不过，我们经常打电话联系。与她谈话，我感到很舒服。她总是兴奋地告诉我很多事，讲她和她的女性朋友们一起做了什么。但是，只要提到自己的过去，她就不愿多说了。只有一次，她向我提起，战前她的生父还健在时，那时的生活是多么美好。她好像并不记恨自己的家人。关于那场战争，她只向我透露过一句，"我是从地狱中走过来的"。那段地狱般的生活，都写在了她提交申请赔偿金的文件里，因此我没有再向她做过多的询问。

当我从她的一个朋友那儿得知她去世的消息时，我赶去参加葬礼，在葬礼上，我第一次见到了她。她躺在棺材中，有着美丽可爱的脸庞，和波浪卷的白发，看上去充满魅力。

棺材周围还站着其他几位女性。突然，我听到其中一人对另一人说，"给日本人当娼妇的女人，就在这儿"。我不禁怀疑自己的耳朵。对于一个有着那样悲惨的经历、被无情地夺走了青春的女性，一个拼命努力、独立重建自己人生的女性，她们怎么能够讲出这样不堪的话语来。

我着实惊呆了！我必须强迫自己别当场冲着这位女士吼出来：你怎么可以这样说她！还好，我及时意识到了，我不能当着玛露塔的遗体和这个人争吵。后来，玛露塔的一个朋友告诉我，那个人是玛露塔的继父的女儿。玛露塔把自己在日军"慰安所"的经历告诉了朋友，朋友们也知道她的家人都不相信她。

缺少身边人的理解

"强迫卖淫"这一概念，不仅是战争中，在战后很长一段时间都很少有人知晓。到了20世纪90年代，一位叫金学顺的韩国女性首次将自己的过去公布于众，紧接着又有几名女性作为日本性奴隶制度下的牺牲者向公众公开了自己的姓名。后者当中，还包括一名居住在澳大利亚的荷兰女性扬·鲁夫-奥赫恩，奥赫恩女士根据亲身经历，出版了一本回忆录《沉默50年》(1994年)。之所以起这个书名，是因为她是在50年之后才打破的沉默。

害羞

为什么经过这么多年，这些女性才将自己在战时的经历公布于世呢？在这里，我们不得不承认这样一个事实：二战以前，关于性的话题是不能肆无忌惮地公开谈论的。本书前面也提过，这个话题是一个禁区。这些年轻女性，她们大多数都没有从父母那里接受过关于性方面的教育，在学校里也没有。因此，当她们被欺骗、被胁迫，在路上、在自己家中、在平民集中营被突然抓走，被人用暴力绑架、违背意愿被强行带到日军的娼寮时，她们根本不知道接下来在自己身上会发生什么。许多女孩子之前很少跟外界接触，她们从小接受的都是闺阁教育，根本不知道娼寮的存在，更不可能知道被送入娼寮后会被如何对待。她们的的确确都是些无辜、纯真的孩子。当她们知道在那种地方会发生什么时，都拼命反抗。当然，她们根本不是日本兵的对手。她们不由分说地被强奸，几天、几星期、几个月，有些女孩子甚至连续遭到长达几年的持续侵犯。有些好不容易活下来的女孩子，也都是身心交瘁，残破不堪，紧接着向她们袭来的还有强烈的羞耻感，那是面对侮辱无能为力的屈辱感。这种屈辱感让她们常年以来踌躇不前，不敢向世人道出她们曾经的苦难经历。

对于亚洲女性而言，"羞耻"还承担着更重大的意义。在亚洲文化圈里，有婚前性行为的女性会让家人蒙羞，会因损害家族名誉而被逐出家门。因此，亚洲的"慰安妇"，特别是韩国女性，战后大都没有返回故乡。有的人自杀了，因为她们没有勇气一辈子背负这样的耻辱活下去。

那些荷兰和荷印混血的女孩，她们也觉得，那些被强迫卖淫的经历，还是不要讲出来为好。她们把耻辱和悲伤深深地埋藏在心里。即便有人将这些告诉了家人，不仅不被家人相信，反而还会冒风险顶上"日军娼妇"的恶名，玛露塔就是这种情况。

第六章

莉娅[1]的一生

---
[1] "莉娅"为化名。经她本人及其子女允许,本书将她的经历公之于众。

战争爆发那年，莉娅才12岁，和父母一起住在巴达维亚（后来的雅加达）。从6岁起，她就进入一所位于巴达维亚的乌尔苏拉修女经营的天主教会寄宿学校学习。

自开战以来，日军就试图彻底削弱荷兰在其殖民地荷属东印度群岛的影响力，这一点是显而易见的。其中最明显的就是引入了日本时间和日本日历。四处飘扬的太阳旗取代了荷兰国旗，连日本的传统节日也被引进，对日本的称谓也被改成了"NIPPON"。荷兰语、英语被禁用，日常用语都使用马来语，而在当地的学校，日语成为必修课程。荷兰人学校以及印荷混血儿学校都在占领军的命令下关闭了。终于有一天，乌尔苏拉修女寄宿学校也突然关闭，学生们都被勒令回家。

学校关闭的那天，莉娅走路回到家里。她知道父亲早在1941年9月就被征兵，加入了荷兰皇家军队。后来她又得知，父亲成了俘虏，被押送到泰国修建泰缅铁路。

莉娅回家后，仅过了几个月，就和母亲一起被关进了集中营。几天后，母女俩坐上货车，被运到位于纪地的集中营。有很多妇女和儿童与她们同行。莉娅几乎没看到过这所集中营里边是什么样，因为她一进来就同40名女孩子一起被安排与集中营的居民分开了。[1]那时她刚满13岁，其他孩子都比她稍大一点儿。后来，她们又坐上货车，被带到了一处像日军营房的地方，那座营房正面对着巴达维亚的托萨里。

---

1 因为女孩子们刚一进集中营就被安排与别人分开，所以纪地集中营的负责人们当时并不知道那些悲惨事件（指女孩子们从集中营被带走，送到兵营去当"慰安妇"。——译者注）的发生。

在日本空军兵营的生活

那里有好几处营房,南方航空队的军官和士兵都在这里宿营。女孩们每8人一组被分散到各个营房,她们被勒令照顾日军士兵的生活。所谓"照顾",开始时主要是负责打扫卫生、洗衣服、熨烫衣服等家务活。她们必须严格遵守各种规矩,伙食也非常粗鄙,仅有一点点米饭和汤汁。她们被严禁离开自己的工作岗位。这里戒备森严,根本不可能离开,就连姑娘们互相说话也是被禁止的。如果谁违反了规定,就会受到严厉的处罚,被狠狠殴打。日本人分给她们住的屋子很小,里面只铺着很薄的垫子。

没过多久,她们就知道了被带到营房来做家务并不是主要目的。有一天,莉娅正在打扫走廊的时候,来了几名士兵,脸上莫名带着嘲弄的笑容。突然,莉娅被两个士兵抓住,拖进了房间,她身上的衣服被扒了下来。被惊吓到的莉娅,大声哭喊着,使出全身力气和士兵搏斗。她哀求他们别乱来,可这根本没用,他们轮流侵犯了她。其他姑娘的命运也同样如此。从那天起,她们每天都会被强奸数次。

怀孕

有一天,莉娅突然发现自己已经有一段时间没有来月经了,而且觉得乳房肿胀。经日本军医检查后,她才得知自己怀孕了。医生说必须堕胎,莉娅真是吓坏了。她是天主教徒,她不知道该如何在天主面前请求饶恕,这让她痛苦不已。犯下这样骇人的罪行是她的过错吗?

她怎能避免每天都这样被几十个士兵强奸，并因此而怀孕？她能够避免这一切吗？不能！她抵抗不了那些士兵们的暴力，他们人多又强壮。她只是一名囚犯，她完完全全在他们的掌控之中。

做完堕胎手术后没过几天，她就又被派去打扫卫生，接下来又开始了一天又一天的被强暴。这样又过了一段时间，她发现自己竟然又怀孕了。她哀求医生救救肚子里的胎儿，不可思议的是，她的哀求居然被接受了。但是，尽管她被允许留下胎儿，也并没有人顾及到她有孕在身，依然不断地侵犯她。终于，等到了孩子出生的日子，那是1943年的10月的某一天。

分娩的过程很快。有两个日本兵给医生当助手。但是，孩子刚生下来，那两个士兵就当着莉娅的面把孩子杀害了，孩子的遗体被随随便便地抛在了外面。莉娅悲痛欲绝，整日以泪洗面。

专用奴隶

一名自称吉田的日本空军军官好像是同情她的，至少在她看来是这样的。

她被人带到位于谷侗咕萨里街的一所房子里，在那里住着吉田和其他几名军官。起初，莉娅以为自己的苦日子就要结束了。为了让她恢复体力，吉田用心照顾她的饮食，让她好好休养。但是，这里也戒备森严，她不可能逃出去，跟被囚禁没什么两样。

吉田觉得她心情好些了，就开始摆弄起她的身体来。显而易见，这就是吉田同情她的真实目的所在。也许吉田认为，是自己把她从那些兽性大发的男人的虎口中夺下来的吧，因此他把她看作自己的所有物。但是在性欲方面，吉田与那些每天要强暴她二十多次的，在她身上发泄兽欲的士兵们没有什么不同，这位军官也把莉娅当做自己性欲的出口,几乎每天都在她身上发泄。

她如果拒绝性服务,这名军官就会向她施暴,有几次甚至狠狠地揍了她。吉田不光强迫她满足自己的性欲,还要让她为自己洗衣服、打扫卫生。

当然,即便是这样,也比在兵营里面被那些士兵像对待垃圾似的糟蹋要强得多。吉田偶尔心情好的时候,也会和她说说话,甚至会温柔地对待她。那时,莉娅才会觉得自己受到了正常人的待遇。那一瞬间,她对未来有了一丝期许。她甚至会想,也许战争一结束,什么都会好起来。一天,他们平静地说着话,吉田问她战争结束后要去哪里。她回答说,当然是回家,还告诉吉田自己的父母住在什么地方。

莉娅有了吉田的孩子。

1944年10月13日,莉娅生了一名男婴。那年她15岁。男婴取名吉田武志-昂特尼伍思。孩子的父亲给起了个日本名字,莉娅获得允许又给孩子起了个荷兰名字。吉田很喜欢这个孩子,他甚至允许莉娅偶尔可以带孩子到院子里转转。这个孩子出生一个月后,莉娅又怀上了这个军官的第二个孩子。

1945年8月6日,第一颗原子弹轰炸了广岛,之后8月9日第二颗原子弹又轰炸了长崎。1945年8月15日,日本无条件投降,第二次世界大战结束了。

1945年8月26日,莉娅的第二个孩子出生了,也是名男婴。他们给这个孩子起名吉田章-阿武贾思奇努斯。

回到父母身边

一个月后,日本军官全部被拘留,莉娅终于可以把这个住到现在的家抛到身后了。刚满16岁的莉娅带着两个婴儿,就像一个大孩子带着两个小孩子，准备出发去往父母家。莉娅的母亲已经回到了家里，她在恶名昭著的纪地集中营待了三年，侥幸活了下来，虽然十分消瘦，但还算健康。能和好几年没有音信的女儿重逢，母亲激动万分。她热情地接纳了这两个有二分之一日本血统的男孩。莉娅向母亲倾诉了一切，母亲也完全相信她讲的话。但是，几个月后，父亲从俘虏收容所回家了，当他见到那两个有一半日本血统的男孩时，气愤不已，因此不顾妻女的哀求，硬生生地把莉娅和两个孩子赶出了家门。他根本不相信莉娅说的话，他对莉娅说："你说你被日本人连续强暴了三年，可是看你的脸色和体格也太好了吧！"父亲明确告诉莉娅，他认为莉娅不仅给家族蒙羞，还成了敌人的同伙。

带着一个襁褓中的婴儿和一个一岁大的幼儿，莉娅离开了父母家。她简单包了一些孩子的衣物和玩具就走了，投靠到曾是父亲前妻的一名爪哇女性的娘家。这还是母亲四处奔走才帮她谈妥的。

父亲要求莉娅尽快结婚。他认识一个人，那人比莉娅年纪大，愿意迎娶莉娅，"跟手套结婚"[1]也行。莉娅因为一次都没有见过这个人，所以怎么也不肯答应父亲，并讲明不会按照父亲的安排去做。

和汉斯邂逅

一天，莉娅带着两个孩子和寄住的这家人的女主人桑达莉散步的时候，邂逅了一个年轻的荷兰士兵。他很友善，还帮莉娅做事。那时候，马上就要17岁的莉娅出落得很美，士兵汉斯一下就爱上了美丽的莉娅，并且不在意莉娅的经历。他友善的态度，和对孩子的爱护，让莉娅对他好感油然而生。莉娅被汉斯迷住了，两个年轻人决定今后要

---

1 "跟手套结婚"（行代婚礼）是指一种婚礼约定，即婚姻的一方因故不能到场而由一个全权代理人代替他（她）举行婚礼。法律术语叫做"授权结婚"。

继续来往。莉娅把自己在战争中的遭遇告诉了汉斯，汉斯安慰了她，也明白莉娅需要他。就这样，两人间的感情更加坚固了。汉斯向莉娅表白，说他已准备好，愿意接受莉娅的孩子，而且会把他们当做自己的孩子，和莉娅一起担负起养育的责任。两人订婚了。莉娅和汉斯一起去父母家拜访，把他介绍给家人。父亲对这样的结果很满意，母亲不敢相信她竟然能够如此幸运。从那时起，莉娅得到许可，和孩子一起回到娘家生活。

洗礼和洗礼后

莉娅着手准备让孩子们接受洗礼，仪式定在巴达维亚的圣泰莱基亚天主教堂。就在孩子们接受洗礼仪式的前几天，突然有人按响了门铃。日本军官吉田被荷兰皇家军队的士兵带到了莉娅面前。吉田说，他进了芒加莱的一处俘虏收容所，那儿离莉娅娘家有几公里远。他来是想见见两个孩子。莉娅和他约定，等孩子的洗礼仪式一结束，就和汉斯一起带孩子来见他。听了吉田的话，汉斯和莉娅都觉得，吉田是想在返回日本前和孩子们告别，所以想和孩子们一起度过最后几天。

1946年5月28日的早上，吉田武志－昂特尼伍思和吉田章－阿武贾圣思奇努斯在巴达维亚的盖莱加泰莱加2号的圣泰莱基亚教堂接受了洗礼。为了这一天，莉娅给两个孩子穿上了请桑达莉帮忙做的漂亮衣服。赐礼的是荷兰人司祭邦·道立鲁。莉娅永远也忘不了这场洗礼仪式，仪式非常令人感动。

洗礼仪式结束后，汉斯向莉娅流露出自己想在这个教堂结婚的想法。对莉娅来说，再也没有比这一天更美好的日子了。两人心潮澎湃，他们带着孩子去了吉田所说的位于芒加莱的住处。接到孩子的吉田，和莉娅分别时说："我会好好照顾孩子们的。今后，开始你新的人生吧！"汉斯和莉娅又抱了抱孩子，轻声对他们说："只有几天噢！"

到了约定好的日子，汉斯和莉娅去芒加莱接孩子，可是吉田不在。收容所长告诉他们，几天前关押在这里的日本军人全都乘复员船离开了。两人不相信自己听到的话，他们完全蒙掉了。

莉娅一下子焦躁起来，她想起吉田最后讲过的话，"我会好好照顾孩子们的。你好好过你的新生活吧！"他到底是想说什么呢？难道他的意思是孩子再也不会回到我这儿了？内心充满不安的莉娅去了好几处吉田有可能带孩子去的地方，可是都找不到，也没有人知道他们的去处。虽然非常不情愿，两人还是去了莉娅曾被吉田关了两年的那所房子。那里也空无一人。最后，汉斯从军方那儿打听到消息，5月28日洗礼仪式的当天下午，载着众多日本军人的日本大型运输船"利巴蒂·塔伊福诺（Libati Taifuno）"号扬帆开往他们的国家了。吉田很可能也是登船人中的一员，他带走了孩子。汉斯带着这个令人沮丧的消息，回到莉娅家。莉娅彻底被击垮了。她回想着，表面上一切正常，但她还是被吉田骗了。吉田夺走了孩子，他把孩子带到日本去了。莉娅仿佛被突然推进了深渊，她悲痛万分，却毫无办法。

结婚和回国

1945年8月15日，日本无条件投降，随后印度尼西亚独立战争爆发了。白人，特别是荷兰人，如果随随便便在街上走的话，会非常危险。莉娅的父母希望能够早点儿回国。1946年的年中，他们终于能够回国了，父母劝她一起回去，可她想和汉斯留下来。

汉斯是一名军人，他被重新召回部队，奉命驻守在巴达维亚。在这个对荷兰人完全敌对的国度，我不清楚他们两人是怎样幸存下来的。也许莉娅可以跑到父亲前妻的娘家。当初她被父亲赶出家门时，就曾恳请过她的帮助。1947年2月,汉斯又接到调防的命令,两人为了能生活在一起,于1947年2月15日在圣泰莱吉亚教堂举行了婚礼。婚礼是由给孩子们洗礼的邦·道立鲁司祭主持的。婚礼结束后,两人启程回国。回到荷兰以后,他们把新家安在了布拉邦,后来又生了几个孩子,过上了幸福美满的生活。

即使是这样,她失去两个孩子的悲伤也挥之不去。结婚后,他们想尽办法打听孩子们的消息。但是,孩子们仿佛从地球上消失了一样,没有留下任何线索。最后,为了两人自己的孩子考虑,他们暂时把这事搁置一旁,但悲伤和寂寞一直都留在莉娅心中的某个角落。挚爱的丈夫去世后,因为失去那两个有着二分之一日本血统的孩子而带来的落寞感愈发猛烈了。

向莉娅伸出援手

这时,莉娅接受了针对因受到战争或暴力侵害而患上精神病的专业治疗。这里的一位医生极力劝说莉娅,让她尝试到"退休金与救济金理事会"申请某项根据相关法律(WUV或WUBO)赔偿给战争受害者的补助金,她有这个资格。

这位医生帮助她与创立于1995年的"樱花基金会"(Stichting Sakura)取得了联系。这个财团的一项重要工作,就是帮助二战中在荷兰殖民地东印度群岛上,那些荷兰女性或荷印混血女性因与日本军人相恋或被强制卖淫而生下的孩子们寻找生父。樱花基金会答应搜索莉娅的两个孩子。财团找到了荷兰神父卢卡思·霍鲁斯汀贾作为莉娅在日本的联系人,此人已在京都居住多年。霍鲁斯汀贾神父和原日本军人内山侦探共同开始进行寻访活动。尽管遇到了很多困难,内山先生的寻访工作还是取得了相当大的收获。

1998年我们项目实施委员会在报纸上刊登启事，呼吁那些日军强迫卖淫的受害者们申请赔偿。当时和项目实施委员会，具体说是跟我联系，为莉娅报名申请的就是上文所提到的那名医生，是他将莉娅的经历写了下来并寄给了我。

这位医生对莉娅的命运忧心忡忡。他为她做了多年的治疗，并尽其所能指导和陪护她，直到她去世。在莉娅生命的最后几年，他是她坚实的支柱。

来自荷兰项目实施委员会的援助

在荷兰项目实施委员会，我是日军强迫卖淫受害者的保密顾问，当我和项目实施委员会的其他领导成员了解到莉娅的经历后，都感到非常吃惊。那些经历完全超出了我们的想象。那些日军士兵竟然对年幼的她施加了如此暴虐的兽行。尽管莉娅有过这样的经历，可她后来还能从施加给她的那些痛苦不堪的回忆中走出来，得以重塑人生，这些全都得益于她的丈夫对她的理解。战后，她能马上遇到汉斯，这对她来说，是多么的幸运啊！尽管有失去孩子的伤痛，但总算和丈夫过上了幸福生活。两人还有了自己的孩子，有了幸福温暖的家庭。

尽管项目实施委员会认定莉娅有资格领取"生活改善项目"的赔偿金，可我们非常清楚，仅靠领取金钱，并不能在真正意义上改变她的人生，所以我们向她提议，通过我们在日本的相关人员，尝试帮助她寻找那两个失踪的儿子。

第七章

寻找莉娅行踪不明的孩子

"樱花基金会"参与莉娅孩子的寻找已经有很长一段时间，因此我尝试与这个基金会取得了联系。此后，我和卡陶立·拉伊库博鲁苏特（项目实施委员会的秘书）同樱花基金会的议长、副议长进行了一次谈话。樱花基金会和项目实施委员会达成一致意见：关于莉娅孩子的寻找工作，双方要一直保持联系，并要相互告知各自将采取的相应措施，一有进展立即通知对方。

首先，项目实施委员会向日本驻荷兰大使馆、"亚洲妇女基金"及荷兰驻日本大使馆通报了相关信息。

同时，我们把两个行踪不明的孩子的详细资料寄给了日本天主教的代表人员。我们推测孩子既然在天主教教堂接受了洗礼，就很有可能会得到天主教式的养育。我觉得，如果能请日本的天主教方面参与莉娅孩子的寻找工作，可以使这项活动更加有意义。

通过樱花基金会，我们和京都的卢卡思·霍鲁斯汀贾神父、内山侦探取得了联系。

我们还得知，莉娅通过她的医生曾拜托过荷兰牧师，来自鲍库斯梅尔的海卢曼恩·佩泰鲁斯神父，帮忙寻找孩子。佩泰鲁斯神父又通过卡鲁梅鲁派修道院的神父拿到了那两个孩子接受洗礼的证明。这种文件无疑极其重要。项目实施委员会得到了证明的复印件，并将复印件寄给了参与寻找的相关机构。

如果莉娅的孩子们还活着的话，当时应该已经有五十多岁了，所以我请莉娅寄一张她大约54岁时的照片给我。我觉得孩子们的外表多少会和母亲有相似的地方，莉娅随即寄给我一张她和丈夫汉斯的非常出色的合影。

启程赴日

1998年12月,我接到了日本大使馆打来的电话。让我吃惊的是,我和先生一起受邀赴日,费用由日本政府承担。在日本逗留期间,我们将和"亚洲妇女基金"的理事们见面,据说还要到日本外务省,会见高级官员。我们被告知,可以作为项目实施委员会的代表向日方提出要求,请他们提供1998年7月"生活改善项目"正式启动典礼上,由桥本首相向荷兰首相考克发出的道歉信的复印件。对日军强迫卖淫制度的受害者来说,能够拿到这份道歉信的复印件,当然具有非同寻常的意义。

我们出访日本的全部日程,由日本大使馆安排确定,其中有一项是应我的请求到京都会见霍鲁斯汀贾神父。

1999年3月22日,我和先生出发去东京。座位是商务舱。在日本的整个行程期间,我们都受到了日本政府的热情接待。我必须承认,对于这次行程,我的心情非常复杂。访问目的地是我们曾经的敌国——日本。在这里,有很多曾经在二战当中深深伤害过包括我本人和父母在内的众多同胞的日本人,他们依然活在这个世界上。因为这些日本人,我和我父母的亲戚中有不少人都命丧黄泉。我父母失去了在旧荷属东印度曾经努力奋斗所积累的一切。他们一无所有地回到了荷兰,怀着对日本的无比憎恨,将我和弟弟养育成人。我的耳边不由响起,当我的母亲得知我要为"日本赔款基金会"工作时,曾丢给我的警告:"孩子,你这是要干什么呀?日本人是不可信赖的。"去日本访问,我觉得像背叛了自己的父母,内心无法接受。但是,另一方面,作为项目实施委员会的主席,我也知道,既然答应了担任保密顾问,为日军强迫卖淫制度的荷兰受害女性提供帮助，我就不能拒绝这次的访日邀请，不得不放下对父母深深的愧疚之情来到日本，而且，我还可以利用这次机会，把关于莉娅和莉娅两个行踪不明的孩子的情况转述给外务省的上层官员，并在可能的范围内，寻求他们的协助。

当我们抵达东京的大型国际机场——成田机场时，向导已经等候在那里了。我们访日期间，一直由此人照顾我们。向导把我们带到了位于天皇皇居附近的高级帝国宾馆。皇居四周有很大的庭园，但是看不见里面。

第一天的日程是与外务省欧洲局局长见面。这次会见很愉快。日方对被日军强制卖淫的受害人当中也包括荷兰女性这一事实非常清楚。我向他们介绍了项目实施委员会开展的活动，并告诉对方，能够收到桥本首相道歉信复印件，对于那些受害者来说，具有非常重大的意义。对方对此表示非常理解，并承诺会安排人把道歉信的复印件邮寄给我。当时还有两位日本的外务省官员在场，我向他们谈起了关于莉娅两个失去联系的孩子的事情。从他们听到这件悲惨的故事以后的态度可以看出，他们为此感到非常痛心，并答应尽力帮忙。

第二天，我们见到了"亚洲妇女基金"的几位理事。理事会规模很大，成员当中有法律、历史方面的专家，也有著名记者，等等。那天我们只认识了其中的几位。我们把关于失联孩子的事件详情讲述给了在场的日方成员，几位日本人的反应给了我们勇气。他们的反应中混杂着惊愕、愤怒、羞愧和希望做些什么的情绪。如此残忍恐怖的虐待竟会发生在一名未成年少女身上，这让他们感到惊愕和难以置信，自己的国民竟然会做出如此残忍的事情，也让他们感到愤怒和羞愧。找到孩子的线索，对于孩子母亲来说该有多么重要！他们都感到应该为此做点什么，并表示愿意帮助寻找莉娅的孩子。

"亚洲妇女基金"对寻找莉娅失联的孩子一事表现出极大的关心，他们还为此专门指定了负责人员。"亚洲妇女基金"联系了京都的霍鲁斯汀贾神父和内山侦探。基金会方面还谈到前一天我向外务省官员言及此事的事情，表示还要请外务省帮助寻找孩子。

项目实施委员会还汇总了机构名称和地址通知给各个与寻访事宜相关的机构，以便他们相互之间能够保持通畅的联系，同时还向上级各机构发送了当时手中所掌握的所有资料的复印件。

内山先生

访日期间的公务活动结束以后，我们来到了京都。那是一座美丽的城市，可以饱览独特的日本文化。数量众多的寺院中，陈列着让人瞠目结舌的精美佛像。但是，我们这次来的主要目的不是观光，而是为了与卢卡思·霍鲁斯汀贾神父见面。

霍鲁斯汀贾神父住在一座漂亮的房子当中，周围环绕着可爱的庭院。他一收到我们来访的消息，就立刻联系了内山先生，请他一起来见面。我们坐在一间陈设简朴、雅致舒适的房间里。霍鲁斯汀贾神父和我先生坐在小椅子上，我同内山先生并排坐在沙发上。霍鲁斯汀贾神父告诉我们，二战时期内山先生也当过兵，大部分时间都驻扎在泰缅铁路。那一瞬间，我觉得像被泼了冷水一般，感觉一股凉气直逼全身。

在那一刻，曾经负责监视俘虏，把他们当做牛马般驱使，修建臭名昭著的泰缅铁路的日本兵，就坐在我的身旁，而我的父亲，也曾是那些俘虏中的一员。为了修建铁路，他们在极其苛刻的条件下被呼来喝去，每天不得不长时间顶着烈日，或者在季风期的沼泽地里干活。他们住得十分简陋，雨季来临时小屋里一片潮湿。每天分到的食物，不仅十分粗鄙，而且分量很少。卫生状况也相当恶劣，使得很多俘虏染上疾病，纷纷倒下。而且，缺少药物，缺少医护人员。更为恐怖的是热带地区特有的溃疡。在原始森林附近的地区，很多俘虏都患上了这种溃疡，非常难以治疗，而且一旦出现坏疽，在很多情况下，除了切除恶化的部分以外，根本没有其他办法。此外，他们还常常遭受日本兵的惩罚，哪怕仅仅因为一点小事情。日本兵惩罚他们从来不会手软。俘虏中有不少人，因为这种令人恐怖的强制劳动没能幸存下来，他们饱受疾病、饥饿、繁重劳动的折磨而死去。所有这些悲惨的遭遇，都是我仔细读了父亲写的日记后才得知的。

万幸的是，父亲活下来了。而我，现在在荷兰人神父家里，竟然就坐在这样一个受命监视修建泰缅铁路俘虏的日本兵的旁边。这个叫内山的男人，说不定就殴打过我的父亲，我的心中不禁浮现出这样的场景。

然而，现在我不得不立刻放下那些想法。因为能帮忙找到莉娅孩子的人或许就是眼前的这位内山先生。

内山先生给我们讲述了寻找孩子的进展情况，霍鲁斯汀贾神父为我们进行翻译。

内山先生已经得知，孩子的父亲——原日军军官吉田生于1911年。战前，他住在山形县，在东京的东北方。他在战前好像已经结婚。内山认为很有可能是因为这个原因，他曾试图把孩子托管在孤儿院。内山先生还试着调查了当时孤儿院的地点，但是没有找到任何线索。

内山先生又了解了关于吉田当时返回日本的消息。根据这条线索，调查到1946年5月28日有一艘大型运输船"利巴蒂·塔伊福诺"号从巴达维亚驶出，开往日本。这和汉斯当时在巴达维亚从当局那儿得到的消息是吻合的。但是，内山先生无法确认两个孩子是否和父亲一起登上了这艘船。这艘轮船于1946年6月15日抵达日本，乘船的3500名日本人当中，有27个国际婚姻家庭。据内山先生讲，吉田和他的孩子很有可能包括在内。

吉田是南方航空大队的一员。内山先生找到了当时这支大队队员的名单，据说这些队员每年都有人在某地聚会。内山先生和这个团体取得了联系，却得知吉田已于1948年去世。他还弄到了几名军官的照片，其中一人就是吉田。为了方便我们继续进行寻访，内山先生把这张极其重要的照片的复印件交给了我。

回到荷兰以后,我向莉娅询问照片中的哪个人是吉田。她用手指肯定地指出了其中的一个人。于是我把照片复印件寄给了参与寻找的相关机构。

内山先生通过很多渠道进行寻访工作,没有放过任何可能的线索,但是,每次都是进行到一定程度就查不下去了。沿着最后一条线索,他找到了厚生省,希望厚生省能够提供乘坐大型运输船回到日本的复员军人的全体名单。但是,厚生省没有同意。他们以保护隐私为由拒绝了我们,毫无通融的余地。霍鲁斯汀贾神父想到把厚生省告上法庭,可因资金不足只能放弃。内山先生指出,运送复员军人的轮船抵达日本以后,有部分乘船者的名字被刊登在报纸上。不过很遗憾,报纸上没有吉田的名字。因为报纸上出现的名字当中,有些人员家属曾以侵犯隐私为由进行了抗议,所以从那之后,就再也没有公开过相关名单。

内山先生是进行寻访工作的核心人物。当然,其他参与寻找的团体,也都为寻找应该已经是中年的两名男性竭尽所能,不过他们都远不及内山先生所付出的努力。

还能找到两个孩子吗?内山先生也觉得没希望了。在这种情况下,项目实施委员会决定采取最高行动。

荷兰项目实施委员会给日本皇后的信

2000年5月23日至26日,作为日荷友好关系400周年纪念活动的一环,明仁天皇和美智子皇后受到贝娅特丽克丝女王和丈夫克劳斯的邀请,对荷兰进行正式访问。

寻找莉娅的两个失联孩子的工作在日本搁浅了,所以项目实施委员会决定写信给美智子皇后请求援助。项目实施委员会的总顾问、退役将军豪夫尔德·海瑟尔和项目实施委员会主席兼保密顾问的我，将一封联名的绝密书信亲手交给了一位与皇后陛下的好友相识的人士手中，此人将直接把这封信函交给皇后陛下的好友，然后再通过这位好友交给皇后陛下。信中记述了莉娅的悲惨人生和在日本的寻找活动停滞不前的情况，恳请皇后陛下能够尽力协助这位女性。

因项目实施委员会和樱花基金会事先约定过，有关寻访活动中采取的一切行动都要告知对方，所以我们也将这封信的复印文本寄给了樱花基金会，并强调了这是一封绝密文书。然而，樱花基金会将这封绝密文书寄给了平时往来甚密的一位神父，我认为他们也没有恶意。这位神父，或者是他认识的人把信上的内容泄露给了荷兰新闻协会，于是，事情闹得不可收拾了。协会的人打来电话告诉我，那封信就在他们新闻协会。我大吃一惊，彻底没办法了，事态到了无法控制的境地。因为这是一封由于涉及相当敏感的问题才请皇后陛下出面协助的密信，所以我要求，不，我是恳求新闻协会不要公开相关的任何内容。然而，由于天皇夫妇正式访问荷兰在即，对于新闻协会来说，这可谓一条独家新闻。所以，对于我的恳求，他们无法答应。我只能退一步明确要求他们，为保护隐私，信中涉及的那位荷兰女性的名字务必要使用匿名。然而，当天还是有几十个记者打电话来希望再透露给他们更多的信息。我告诉他们，项目实施委员会对书信泄露事件感到无比遗憾，相关内容无可奉告。第二天的报纸就以特大版面登出了题为"'慰安妇'乞求皇后陛下帮助"的报道。幸好，他们遵守了事先约定，相关女性的姓名没有出现在报道里。

关于我们写密信给美智子皇后陛下，请求她帮助的事情，也有相关的文章在日本媒体上出现了，这是相当可怕的。美智子皇后陛下在亲手接到密信之前，很有可能已经通过日本的报纸读到了相关内容：一个日军强迫卖淫的荷兰女性受害者，通过荷兰项目实施委员会请求皇后陛下帮助。当然，荷兰项目实施委员会立即通过日本大使馆向皇后陛下表达了歉意。

几周之后，我收到了皇后陛下好友的来信。信上说，皇后陛下对密信泄露事宜也感到非常遗憾，不过她一定会尽全力协助寻找那两个孩子。

国事访问

那一年正值日荷友好关系400周年，天皇和皇后陛下的正式访问是400周年庆祝活动的组成部分。400年前的4月19日，荷兰商船"爱情"号在九州的臼杵海面遇难。事实上，最早在日本留下足迹的西洋人并不是荷兰人。早在公元1600年以前，葡萄牙人就"发现"了日本。他们想让日本人改信基督教。但是，基督教在这里并不受欢迎，所以他们被赶出了日本。与此相比，荷兰人并不热心传教，他们只希望与日本通商。于是，荷兰人获准进入日本，进入这个当时与世界保持距离，并且还希望继续这样独特下去的国家。

对这个巨大的岛国而言，最重要的是贸易往来，比如，与中国的贸易往来。航海国家荷兰，只要不干涉日本国内的事情，也能在贸易往来中发挥一定的作用，因此荷兰被允许进入日本。他们首先在九州的平户，开设允许荷兰人登陆的窗口。随后，荷兰人开始在一个叫"出岛"的小岛上居住，那是荷兰人在长崎湾修建的一个人工小岛。那是1641年的事。出岛的荷兰人不仅从事贸易经商，还向日本人宣传西洋文化和学问。1823年一个就职于荷兰政府的德国医生、研究者菲利浦·弗朗茨·冯·希伯尔特（Philipp Franz von Siebold）来到出岛。他教日本人荷兰语，尤其是把西医知识带到了日本，因此声名鹊起。日本人为答谢他，送给了他很多日本的自然古物。由此他收集了大量的日本动植物标本。现在，在莱顿市拉蓬布鲁古大街19号，坐落着一座精巧的希伯尔特博物馆，那里展示着希伯尔特带回去的日本植物标本。

这座博物馆非常受日本游客的欢迎。天皇、皇后陛下正式访问时也参观了这座博物馆。

在天皇、皇后陛下访问希伯尔特博物馆的前一天，即2000年5月24日，荷兰首相考克及夫人设政府正式午宴，宴请天皇及其皇后、贝娅特丽克丝女王、克劳斯亲王、王储威廉·亚历山大王子、玛格丽特公主及彼得·邦·鲍廉豪本先生。各界人士也受邀出席，所有大臣、大臣辅佐官、上院下院议员、最高法院法官、国家最高顾问、会计监察员、荷兰教会联合总部负责人、日本驻荷兰大使及夫人、高级官僚、日荷企业相关人员、文化人，其中也包括我这个荷兰项目实施委员会的主席。

在此前几个月，我收到寄来的请柬时的那种惶恐不安的复杂情感此刻再次向我袭来。这次的情感，比我上次受邀访问日本时更加强烈。这次，我们要同明仁天皇见面，他是裕仁天皇的继承人。在裕仁天皇的名义下，曾经在20世纪30年代和在那之后的第二次世界大战给世人造成了那么多辛酸和痛苦。就因为那个人，多少俘虏和被扣押的平民百姓，每天都被迫对着日本兵们深深地鞠躬，因为他们代表了这位天皇。要是他们鞠躬不够深，或者听到号令后没有及时赶到，都会受到严惩。在那个人的名义之下，多少人被杀戮、被凌辱；在那个人的名义之下，又让多少被扣押的平民百姓和战俘们被日本士兵毫不在意地饿死。

在令人战栗的日本军政统治下，我的父母曾忍受了多少痛苦，而我出席这次午宴，是否意味着对父母的背叛，这种想法再一次折磨着我。但是，太平洋战争时期，这位明仁天皇仅仅是一个年幼的孩子，所以我不能因他父亲犯下的罪行而去责难他。而且，当时的我，要作为项目实施委员会的主席帮助那些日军强制卖淫的受害者们。更何况为了寻找莉娅失联的孩子，我曾专门求助于皇后陛下，所以我不能不出席这次政府主办的午宴。

中午12时，受邀的客人们来到骑士议会楼，在一个大房间里等待天皇、皇后陛下及荷兰女王和王室成员的接见。

  我身着精致的套装，头上戴着为了这次宴会而特意购买的帽子，走了进去。出席的人们，我都知道他们是谁，但是我从未跟他们当中的任何一位直接接触过。就在我感到有些寂寞时，会计监察院的议长萨斯奇亚·斯伊贝琳贾夫人过来向我打招呼，让我稍微松了口气。大约20分钟以后，天皇和皇后陛下、荷兰女王及王室成员出现了，他们接见了每一位客人。轮到我时，我之前紧绷的神经终于放松下来，我与他们每个人都握了手。接见仪式结束后，天皇及皇后陛下、荷兰女王及王室成员以及所有的宾客被引至骑士大厅。那里餐桌上已经摆好了精致豪华的午餐。

  参加这次午宴的女性很少，在我就坐的餐桌上，除我以外，其他七位都是男性。这让我感到非常意外。

  那天晚上，我和先生还受邀参加了天皇和皇后陛下在阿姆斯特丹的（日本酒店）花园酒店举办的招待晚宴。当两位陛下和荷兰女王及王室成员抵达时，宴会大厅站满了客人。天皇和皇后陛下、荷兰女王及王室成员，由池田大使夫妇及双方王室的工作人员引导进入了大厅。每一位宾客看上去都光彩夺目。贝娅特丽克丝女王和玛格丽特公主身穿华贵的晚礼服，美智子皇后虽然略显朴素，但她身穿的和服显得非常典雅。大厅里充溢着愉快的气氛，天皇和皇后陛下、荷兰女王及王室成员都融入其中。不一会儿，天皇和皇后陛下周围就聚集了很多人。过了不久，池田大使夫人向我走来，请我随她一起去见美智子皇后陛下。皇后陛下似乎在此之前曾向她表示了想要跟我见面谈话的意愿。

  当我们穿过人群，快要靠近美智子皇后陛下时，皇后陛下好像注意到了池田大使夫人，朝我们的方向走来。池田大使夫人把我介绍给皇后陛下。皇后陛下说能见到我，她感到非常高兴。她用双手紧紧握着我的一只手，直到我们谈话结束都没有松开。我们站在一起，距离很近。我们两人身高相近，皇后陛下的额头离我大概20公分。因为周围的人声，我只能贴近皇后陛下站着。皇后陛下的声音非常轻柔。但是她的话，我全都能听清。她提起豪夫尔德·海瑟尔和我写给她的信，那封信深深地打动了她。她清晰地记得莉娅和莉娅两个失联的孩子的名字。她还说一定尽力，并指示相关人员和日本红十字会取得联系，无论如何都要找到莉娅的两个孩子。皇后陛下问我，在荷兰是不是还有有着这样悲惨经历的女性。我告诉她，莉娅是个特例，她当时还年幼，却被强制卖淫，性暴力导致她生了三个孩子。第一个孩子刚生下来就被杀死，而另外两个孩子在战后又被夺走。我还补充说，除莉娅以外，遭受日军性暴力的荷兰女性受害者还有很多，她们都吃了很多苦。美智子皇后陛下紧握我的双手，她为日本曾向这些女性所做的事情道歉。她请我向莉娅转达她的歉意，并转告，她本人对莉娅的遭遇深表同情，她殷切地期待日本红十字会能够尽快寻找到莉娅的儿子们。她还讲到，她会请日本红十字会向她汇报寻找的进展情况。我被这位独特的女性所深深感动，对她提出的帮助及温暖的话语，表示了我的谢意。

日本红十字会的寻找活动

几天后，我收到了日本红十字会的藤森会长寄来的一封信。信上问能否将我收集到的有关两个孩子的资料全部寄给他们，我当然立即答应了。几个月以后，一份日本红十字会相关寻找结果的报告寄到了我这里。

因为我曾向日本红十字会保证，我得到的情报，无论书面的，还是口头的，都不允许透露给除莉娅以外的第三方，所以在这里我只能告诉诸位，日本红十字会的寻找结果并不是我们期望的结果。豪夫尔德·海瑟尔和我对日本红十字会所付出的努力深表感谢，我们也对日本皇后表示了深深的谢意。通过皇后陛下的好友，我们收到了皇后陛下的来信，信上表达了她对寻找未果的失望遗憾之情。皇后陛下本人对莉娅的遭遇深表同情，她请我们向莉娅转达，她将永远不会忘记莉娅的遭遇。

我把皇后陛下暖心的话语和日本方面有关寻找孩子的，令人失望的结果都直接告诉了莉娅。我像穿着一双铅做的鞋，沉重地开车来到莉娅的住所。这是我第一次见到她。她身材瘦小，表情温柔，从她的表情中我能够看出她的悲痛之情。她在一个小村子里安了家，房子非常朴素。我按了门铃，是她的女儿给我开的门。我们讲话时，她的女儿也一直陪着我们。这一点让我很高兴。面对这个柔弱的老妇人，我不得不告诉她那个令人悲伤的结果，我很难受。从她的眼睛里，我能看出来她是多么失望。那失望的眼神，我大概一辈子也不会忘记。

我告诉莉娅，我还不打算放弃。"亚洲妇女基金"、霍鲁斯汀贾神父、内山先生，还有其他几个机构，虽然说可能无法保持之前那样的进度，但在日本的寻访活动仍会继续。不过，由于日本红十字会也寻找未果，所以我推测，两个孩子会不会都没有住在日本，吉田有可能把孩子托付给了印度尼西亚的某个人，而自己一个人回到了日本。于是，我打算尝试在印度尼西亚寻找。

拜托荷兰的玛格丽特公主殿下

2002年，莱顿大学女生校友会在莱顿举行聚会。学生时代我就成了这个校友会的会员。我是1962年入学的，玛格丽特公主殿下也于同年考入了莱顿大学。校友会上，玛格丽特公主向我们讲起了关于自己作为国际红十字会的名誉会长所承担的工作。这个消息让我非常振奋。我立刻找到玛格丽特公主，把莉娅的经历一股脑儿地讲了出来。听了莉娅的经历，公主和美智子皇后一样，感到惊愕。她说她会不遗余力地帮助莉娅。她果真安排了印度尼西亚红十字会去寻找莉娅的两个孩子，并要求他们将寻找结果通过荷兰红十字会通知我。

在印度尼西亚寻找

　　2003年到2006年，印度尼西亚红十字会积极展开了寻找活动，但遗憾的是，结果同样让人失望。荷兰红十字会提议可以通过"寻人"这个电视节目试试。这个节目的制作人说，可以利用外国的电视广播网络进行寻访，比起红十字会的单独活动，这样可以扩大寻找范围。我把这个提案告诉了莉娅，莉娅不愿意，因为她害怕让世人知道自己曾是"强制卖淫妇"的过去。她的健康状况也在恶化，所以她向我坦陈，她不能再承受这样的紧张了。对于与自己最早生的那两个孩子重逢，她已经不再抱有希望。她请我代她向玛格丽特公主的帮助表示感谢。

　　莉娅于2007年8月离开了人世，她和汉斯生的孩子们陪伴在她的身边。

第八章

埃伦、贝齐、提奈卡

《日军性奴隶制度的受害者》是扬·德·饶毅特尔[1]拍摄的纪录片的片名。2008年5月，该片的首映式在海牙夜市文化节上举行。在影片中，饶毅特尔让曾被日军强迫卖淫的三名荷兰籍的受害者——埃伦、贝齐、提奈卡站出来说话。[2]

三人之中，只有埃伦一人作为嘉宾出席了首映式。

埃伦

开战

二战开始前，埃伦和她的父母、哥哥、妹妹一起生活在东爪哇省任抹县的一个小镇上。年少时的她在那里有过一段快乐的时光。到了要升高中的时候，她的父母把她送去三宝垄读书。1942年2月27日，为了戒备迫在眉睫的日军登陆行动，学校被迫关闭，她不得不回到家中。当时的她根本不曾想到在整整两年后她将要面临自己人生中的巨大转变。

那一年的3月1日，日军从三个地点实施登陆。从那天起爪哇的前

---

[1] 扬·德·饶毅特尔（Jan de Ruijter）拍摄的纪录片《日军性奴隶制度的受害者》网址：www.jarifilm.nl；联系电邮：j.derui.jter2@kpnmail.nl。经饶毅特尔先生允许，我将埃伦、贝齐、提奈卡的经历也写入本书。

[2] 因为埃伦（Ellen）、贝齐（Betsie）、提奈卡（Tineke）在纪录片中都是以真名讲述她们的经历的，我就不再为她们使用化名了。我从三位女士那里都得到了允许，在本书中讲述她们的经历。

途变得一片黯淡。荷兰皇家军队没多久就缴械投降,紧接着在部队服役的埃伦父亲就沦为日军的俘虏。埃伦与母亲、哥哥、妹妹虽然留在了任抹县,但不久后他们也被关进了集中营。

有一天,所有任抹县的妇女儿童都被集中到当地的一家汽车公司的展厅里,她们被赶上货车,踏上了前往苏腊巴亚火车站的路途。到了苏腊巴亚火车站后,他们与上百名妇女儿童又被赶上开往中爪哇的火车。这趟旅程持续了数日,最终她们来到了位于哈马黑拉岛的女子集中营。

和其他集中营一样,这里的生活非常艰难。在极差的生存条件下,妇女和年龄大的孩子们还要从事繁重的体力劳动。水短缺,每天的食物配给量少之又少,质量又差。很多人因为糟糕的饮食和卫生条件而病倒。由于药物短缺,死亡的人数很多。已经拥挤不堪的集中营还总是有新人进来,使居住者可支配的空间越来越小,越来越窒息。

被逼为娼的哈马黑拉岛的女孩们

"1944年2月20日,几名日军军官来到集中营,下令要所有15—30岁的女子出来集合。"在纪录片中埃伦这样说。他们要求这些女子在日本士兵面前走一遍。那些军官似乎在做着什么记录,记录之后就放所有人回房去了。可是第二天,这些女子又被要求到士兵面前走一遍。那些十五六岁的女孩子们被放回到了她们母亲的身边,也许是他们觉得这些孩子还太小。其余女子均被日本军人从头到脚看了个遍,这次日军军官似乎也做了什么记录。到了第三天,被叫去集合的人明显比之前少了许多。接着,有名军官从中选了约十五个人留了下来。这批人当中就有埃伦和贝齐。日军要求她们回去收拾行李,准备第二天出发。说是要派她们当中的一些人去烟草厂干活,另外一些去当护士。这个集中营的负责人不像有些集中营那样进行了反抗,他们没有采取任何行动阻止这些女孩子被带走。

1944年2月26日,女孩们坐上巴士被带出了集中营。开到位于三宝垄的一座祠堂边时，车停了下来，士兵把她们叫下车。她们进到祠堂里一看，发现里面关着的女孩人数比她们还要多。这些人是从别的集中营被硬抓来的。日军士兵要求她们在全是日语的文件上签字，文件上究竟写了些什么，她们全然不知。有的人起先是拒绝签字的，可是日本士兵用暴力强迫她们签字。所以，没有一个人逃脱签字的厄运。直到后来她们才得知，在那个文件上签字就意味着姑娘们是"自愿"去卖淫的。

这场胁迫签字才刚结束，士兵们就把她们分成四组，分别带到了三宝垄市内四个不同的地方。埃伦被安排在了一栋专门被改造成"慰安所"的大楼里。士兵把大楼后面的小房间分了一间给她。这房间以前似乎是一间库房，里面有一个衣橱、一张书桌、两把椅子、一张床，还有一个洗手池。

"慰安所"里的生活

1944年3月1日，"慰安所"正式开业。从那天起，女孩们每天晚上不仅要接待日军军官，有时还得接待普通日本人。嫖客们要求她们卖淫，常常一待就是一整夜。大多数女孩子都是拼了命反抗。埃伦当时听到了同伴们遭嫖客殴打的惨叫，但最终只能放弃抵抗，任由客人摆布，心想要忍过这一时，保全性命。接客的时候，她总是穿着同一条连衣裙，那是条凤尾草叶纹的黄色连衣裙。当她像个木头人一样躺到床上之后，对方就撩起她的连衣裙，开始满足自己的欲望。她从来不会去看对方一眼，所以她也不知道对方有没有使用避孕套。她只是紧闭着双唇，竭力去想别的事，默默地承受着他人的凌辱。在整个过程中，她都试图离开自己的躯体。她自己也坦言，那些男人在她身上根本不可能享受到丝毫快感。

到了白天，姑娘们才从这种煎熬中解脱出来，想睡就睡，想洗衣服就洗衣服，也可以互相聊聊天。这里一点儿娱乐活动也没有。书也没得看，收音机也没得听，因此也收不到外界的消息。每到周日，她们会被带到专门接待日本士兵的娼寮去。无论从哪一点来看,那里都比原先的地方要可怕得多。她们就像被摆在传送带上的商品一般,整整一天都要遭受日本士兵们的粗暴凌辱。

告别强迫卖淫生活后的埃伦

两个月过后,"慰安所"突然被查封了。女孩们又一次收拾好行李,坐上巴士,被送到了茂物市近郊的戈塔帕利集中营。她们的家人也被带到了那里。坐在车上的埃伦百感交集,把那条载满痛苦回忆的凤尾草叶纹的黄色连衣裙扔出了窗外。

她在戈塔帕利集中营见到了自己的母亲、兄长和妹妹,她向母亲简短地诉说了自己所经历的一切。来到这个集中营没多久,她的母亲范德普鲁荷(Van der Ploey)太太就听说了丈夫战死的消息。与父亲最亲的埃伦听到这噩耗后整个人都垮了。

日本投降后,范德普鲁荷一家返回了荷兰。埃伦当上了秘书,并结了婚,这是她人生中唯一的一段婚姻,可惜并不圆满。埃伦对于男性一直怀有深深的厌恶感,而且,她又被查出当时在"慰安所"里患上了性病。因此,她选择了离婚,并决定永不再婚。靠着做秘书的收入,埃伦总算养活了自己。一直以来,埃伦与和她有着同样经历的扬·鲁夫-奥赫恩[1]一起,并肩战斗,誓死坚守,为日军强迫卖淫的受害者们,坚持向历届日本政府讨回公道。

《日军性奴制度的受害者》首映式

当这部纪录片在海牙上映时,我就坐在埃伦的身旁。观看影片的她十分投入,在我看来,她仿佛是重新回到那段经历当中去了。我觉得她似乎并未察觉自己是在电影院里,因为她时而对着出现在银幕上的日本士兵破口大骂,时而又像是在向我解释着什么。有好几次她紧

---

[1] 扬·鲁夫-奥赫恩是被日军强行从安巴拉瓦第六集中营带走,在三宝垄的一个"慰安所"里被强迫成为"慰安妇"的。她和韩国的金学顺一样,是公开自己悲惨经历的第一批勇敢女性之一。

紧抓住我的手臂，大声叫了起来。伴随着影片的放映，她心中的怒火越烧越旺。当影片播到"慰安所"被查封后，来到茂物市近郊的戈塔帕利集中营的她们被日本兵带到收押那些职业妓女和自愿去娼寮工作的女性的区域时，她内心的愤怒似乎爆发了出来。后来，她们又被转移到了巴达维亚近郊的克拉马特集中营，也是和职业妓女、自愿去"慰安所"工作的女性关在一起。埃伦在昏暗的放映室中连声尖叫，仿佛是在向我痛诉，日军的这种行为是多么卑鄙无耻！因为这样，她们就被人看作是职业妓女或自愿去"慰安所"的人了。影片结束的时候，她的眼角已经沾满了泪水。我把她拥入怀中，安慰了她一番。当我们走出放映室的时候，她悄声对我说，她以前从未为自己年轻时吃过这么多苦而哭得这么伤心过。

在这部纪录片中出场的三个人里，只有埃伦[1]拒绝接受由日本"亚洲妇女基金"建立的"生活改善项目"给予的补偿金。她自己也承认，不收这笔钱并非因为没有地方花，而是想以此贯彻自己的主张，要求日本政府正式道歉，并以法律条文确定对受害者给予金钱上的补偿。她与"日本赔款基金会"拥有同一立场，都认为"亚洲妇女基金"（无论是以罚款的名义还是以生活改善项目款的名义）给予世界各国受害者的资助，是不能接受的，因为那只是建立在日本道义责任基础上的，是缺少法律依据的。另外，埃伦是"日本赔款基金会"针对日本政府所提起诉讼的原告代表之一。对她而言，只因诉讼原告这一个理由，由"亚洲妇女基金"为荷兰受害者建立的"生活改善项目"就是不可接受的。不过埃伦自己也知道，就算她没有参与"日本赔款基金会"针对日本政府的那起诉讼，也依然会把自己的信念坚持到底的。她是一个意志顽强的人，有自己的主张，而且向来都坚守自己的主张。但是，埃伦还是能够理解那些最终决定接受"亚洲妇女基金"项目资助的女性。相反，有过同样遭遇、与她并肩战斗、现居住在澳大利亚的荷兰籍受害

---

[1] 埃伦的经历被乔斯·古斯（Jos Goos）记下并写成了书《命令之下的冷漠》（*Gevoelloos opbevel*）。

人扬·鲁夫-奥赫恩却不能。[1]

2013年2月,90岁高龄的埃伦告别了人世。

另外两名在扬·德·饶毅特尔的纪录片中提到的有同样悲惨经历的女性——提奈卡和贝齐,选择接受了"亚洲妇女基金"项目的补偿金。

贝齐

与埃伦一样,贝齐从小过着幸福的生活。她和她的父母以及两个弟弟同住在万隆市。后来举家搬到了日惹市,在那里上了高中,贝齐一心想在高中毕业后去当老师。之后,她的父亲被调派到苏腊巴亚工作,她就跟着父亲转到了那里的寄宿制学校。

不久,战争爆发了。贝齐的父亲在1942年6月被日本宪兵抓获,关进了东爪哇的克希里监狱。

日军为了将荷兰人与当地人完全隔离,将荷兰的妇女、儿童和老弱病残的男子都集中到一个街区(Darmo)居住,这就是集中营的开始。贝齐母亲的住处恰好位于那个区域,所以他们全家好歹留在了自家房子里,但由于有一大批人从其他地方搬了过来,她们几个只能挤在一间房间里,其余的房间都得让给其他的入住者。尽管这块区域周围有一面铁丝网环绕着,但刚开始的一段时间,她们还是可以随时与这片区域外的当地妇女取得联系,不过没多久铁丝网上就被竹子做的遮挡物遮盖得严严实实了。这地方的每栋房子里面都住满了人,好在大家的生活还算马马虎虎,粮食够吃,而且虽然大家共用一两个浴室,但从没有缺水的问题。

1944年初,这一区域的居民全被转移到了蒙蒂兰集中营,而日本士兵却把贝齐的两位弟弟转移到了其他地方的集中营。在日本人看来,

---

[1] 见本书第十三章:《给予日军强迫卖淫的受害者以国际援助》。

过了10岁就不算是孩子了。

到了蒙蒂兰集中营,生活变得艰难多了。集中营里人满为患,各项物资严重匮乏。每天吃的都是粗茶淡饭,饮用水也不足,洗澡水也不够。妇女们不仅被派去干重活累活,还得照顾那些动不动就生病的孩子们。在这里根本没有隐私可言。在"住着"好几十名妇女、儿童的简陋的小房子里,每个人顶多只有60厘米宽、2米长的空间属于他们自己。他们得在这样狭小的地方摆放自己的东西,还得在这样狭小的地方睡觉。带孩子的母亲会多分到一定的宽度给孩子,这个宽度取决于孩子的年龄。每当有新的居民进来,每个人休息的地方就又变得更加逼仄。

贝齐与埃伦进的是同一个集中营。因此,贝齐与埃伦一样,也经历了列队任日本军官挑选,被强迫在所谓的"自愿申请书"上签字,被带去位于三宝垄的"慰安所"的过程。在那座"慰安所"里,日本人分配给她一个小房间,里面有一张桌子、两把椅子、一张床、一个衣橱、一个洗脸台。日本人宣布,从今往后她的名字就叫做"富士子"(富士山的女孩),她一直以为这名字的意思是"神圣的母亲"。她之所以这样以为,是因为在日本人想要强奸一个她觉得自己对其负有责任的小女孩的时候,她"作为妈妈"大吵大闹了一番。贝齐之前曾答应过小女孩的母亲要照顾好她,可是贝齐并没有办法阻止日本人,结果日本人还是在她的面前强奸了那个小女孩。

"慰安所"在1944年3月1日开业。贝齐一开始拼命抵抗过,她害怕得惨叫不止,想把日本军官的手给甩开,可是全然没用。最后,女孩们全部都放弃了抵抗。因为日军威胁要对她们的家人进行报复,而他们很清楚她们的家人被关在哪家集中营里。那些始终不肯就范的女孩都被送去了接待普通士兵的"慰安所"。在那里,这些女孩不得不去满足更多的士兵的性欲。其他女孩每周日也都会到士兵专用的"慰安所"去干活,所以对这些事情都有切身体会。在那里,自己就像是被送上传送带的商品一样,那些士兵一点儿都不干净,还粗鲁得很。

女孩们的房门上张贴着用日语写的客人守则,其中有一条规定就是要使用安全套。然而,贝齐那个时候根本不知道安全套为何物,她也没有勇气去看对方到底有没有用"那东西"。还有一条规定就是客人离开后,女孩子们必须用冲洗器把身子清洗干净。尽管事先有人教过她们怎样使用冲洗器,可是她们中没有一个人在来这里之前听说过这种东西。

女孩们在"慰安所"要从周一干到周六,好在白天没有工作,还能安心睡一觉。军官一般傍晚过来,每个人平均待上一小时到一个半小时就回去了。她们要一直被玩弄到第二天的黎明。有时候一个客人一待就是一个晚上。"鸨爷"(管理人)负责向来玩的军人们收钱。

所有的女孩都要定期接受检查,特别是性病检查。每当听到医生说自己"未感染",她们心中就不禁要问:真的是这样吗?

大约两个月以后,"慰安所"突然被查封了,女孩们被转移到了茂物市近郊的戈塔帕利集中营。她们的母亲和兄弟姐妹都在那里。贝齐把自己的经历一五一十地告诉了母亲,两人之间有了充分的沟通。母亲给予了她莫大的帮助。1944年11月,戈塔帕利集中营被查封后,她们被转移到了巴达维亚近郊的克拉马特集中营。与戈塔帕利一样,在这里,被强迫在"慰安所"里卖淫的女孩、职业妓女和自愿去"慰安所"工作的人都被关在同一所小房子里,这造成的后果就不再赘述了。

克拉马特集中营的生活条件相当艰苦,由于粮食不足,人甚至连老鼠都吃。这里几乎没有干净的饮用水,医药用品也极度缺乏,病人在不断地增加。患痢疾的病人很多。贝齐在这里也曾经病得很厉害。

战争结束后,贝齐与她的母亲收到通知说她的父亲和小弟失踪了。后来她们才得知,她的父亲和弟弟被关在巴罗斯集中营。有一天,他们被押上了前往巴达维亚的火车,可他们二人不知为何在半路被赶下了火车。两周后有人见过他们,但这之后就再也没有人知道他们的行踪了。

贝齐与母亲和另一个弟弟一起回到了荷兰。一开始在荷恩找了家宾馆待了几个星期，后来一家人又搬到了阿姆斯特丹。可以说，回国后他们根本没有受到过亲人的任何迎接。

后来贝齐找了一位心地善良的丈夫。她向他吐露了自己的一切，每当她感到烦恼的时候，她丈夫总会真诚地支持她、帮助她。两个人共同建立起了一个美好的家庭，贝齐与她丈夫过上了幸福的生活。

提奈卡

住在我家附近的提奈卡与我关系十分亲密。我是在为"日本赔款基金会"工作的那阵子与她相识的。她当时已经80多岁。她是一个淳朴简单的人，总是容易激动，还非常喜欢动物。她的住处有几只小猫，它们闯进了她的小房子，然后就不走了。她还在阳台里撒面包屑给小鸟吃，楼下的居民对此颇有微辞。因为会有鸟粪掉下来，所以无论是她家阳台的网上，还是楼下居民的阳台都被弄得脏兮兮的。

尽管她年事已高，但出门买东西还是自己一个人去，后来实在走不动了才拜托女邻居帮忙。她们是好朋友。除了照顾小猫和小鸟，她还喜欢钩制各种形状和颜色的桌布。她平时会在自己家窗户下摆一把椅子，一边钩，一边看着周围的邻居，一坐就是好几个小时。每钩完一张就送人，她也送了我一张。我对桌布没有什么特别的喜好，可她钩了这么一大张洁白的桌布，我又怎么好意思不收。

提奈卡从中爪哇蒙蒂兰集中营被带到马吉冷的日军专用"慰安所"强迫卖淫时，已经30多岁了，是最年长的几个受害者之一。她战前住在苏腊巴亚，在一家酒吧兼夜总会里工作。[1]她和一名荷兰的飞行员结了婚，可惜她丈夫在开战前的一次飞行事故中不幸丧生。由于结过一

---

1 Brigitte Ars, *Troostmeisjes, Verkrachting in naam van de keizer*, Amsterdam/Antwerpen, Uitgeverij De Arbeiders Pers, 2000.

次婚，又有在夜总会工作的经验，她对于男女之事颇有心得，所以她当时能够给那些年轻的同伴提供一些帮助。

她向我详细讲述了在"慰安所"里的经历。当时曾有一个女孩尝试割腕自杀，幸好发现及时，保住了性命。还有一个人因子宫感染而死亡。提奈卡为了尽力帮助其他人，她就专门去接待那些难伺候的士兵和军官。这些军官中有一个人与她建立起了一种友谊。这位军官告诉她，他爱上她了。尽管这只是那位军官在单相思，可幸好有这么一位珍惜她的人，她的生活才稍微过得轻松了一些。她至今还记得他经常对她说的一句话。她很自信地把这句话用完整的日语句子告诉了我。后来，提奈卡在接受日本记者采访时谈到了这件事，我才知道原来那句话是"我爱你"的意思。

由于东京发来的指令，"慰安所"突然之间被查封了。于是，她又被带回了蒙蒂兰集中营。她说，有一天士兵们要求她们这些妇女去挖一个大洞。她们非常不安，尽可能地放慢了挖洞的进度。她们有种不祥的预感，担心自己是不是在为自己挖坟墓。也许是因为战况变得越发紧张，她们担心日军要把囚禁的战俘和平民一起解决掉。[1]

战后回到荷兰，提奈卡选择了再婚，但她要不了孩子了。在日军"慰安所"发生的事使她的子宫严重受损，导致她终身不孕。她与第二任丈夫的婚姻也没持续多久，丈夫就英年早逝了。提奈卡总是贴身带着她的两位丈夫的照片，可她并不是一个爱哭的寡妇。不仅如此，她还是一个非常活泼开朗的人。只有当她接受采访谈到自己过去的经历时，我才能感受到她的内心背负着深深的伤痛。在那样的时刻，她那

---

[1] 尤斯·哈荷尔斯（Jos Hagers）所写"大屠杀"，登载于荷兰报纸《电报》（*Telegraaf*）国际事务版——阿姆斯特丹1997年12月20日星期六，文章所涉主题是美国女历史学家琳达·葛茨·霍尔姆斯（Linda Goetz Holmes）博士，她在她的著作《另一场大屠杀》中写道：她于1997年在美国军事档案中发现了日本的秘密文件，文件大概显示，日军最高指挥机关向所有集中营指挥官发出了命令：在盟军入侵日本迫在眉睫的形势下，处决集中营里的所有战俘和平民。集中营指挥官可以自己决定，是单个处决还是集体杀戮。这个计划被美国发现了，因为美国设法解密了几封密码电文，电文中甚至提及了这场种族灭绝性屠杀的日期，即1945年8月26日。所以美国决定在1945年8月6日在广岛投下原子弹，很可能也考虑到了这个因素。Zie ook Winnie Rinzema-Admiraal: *Wat de atoombom voorkwam*, KSB Repro Bv, 2008.

副平常有点刁难人的眼神顿时消失了，变得表情严肃，满面哀伤。

提奈卡总是非常乐意接受采访。要是有记者或学者前来找我介绍一位被日军强迫卖淫的荷兰女性的话，我可以很自信地说，找她一定没有问题。每当遇到这种情况，她都会要求我在场陪她，我当然都欣然同意。她就是在这种形式下，向很多人，比如向日本历史学家吉见义明教授[1]手下的一个研究人员、向美国教授萨拉·苏[2]，讲述了自己的经历。两名学者在会面结束后，纷纷拿着提奈卡钩的桌布回去了。

提奈卡领取了"生活改善项目"的补偿金，但她并不愿意自己使用这笔钱，而是把大部分的钱分给了家人和其他人。几年后她得了一场病，她对好心的邻居太太说："我死以后，你们大可把我的遗体丢到垃圾场去。"2006年，高龄的提奈卡在孤独和贫困中去世了。

---

[1] 供职于位于东京的中央大学的日本历史学家吉见义明教授，在1992年找到了一些文件，这些文件无可辩驳地表明，日本确实强迫了很多妇女和少女卖淫。文件证明了当时日本军事当局直接或间接地参与了强迫卖淫。
[2] 萨拉·苏（Sarah Soh）博士是旧金山州立大学的人类学教授。她是韩裔美国人，从事日军强迫妇女卖淫方面的研究已多年，也有很多沦为受害者的女性是她的韩国同胞。关于这个主题，她有很多不同的署名出版物，她也是《慰安妇》一书的作者，该书2008年由芝加哥大学出版社出版。

第九章

路 易 丝 与 安 娜 [1]

1　Peter de Greef, '*Verkracht in naam van de keizer*', *volkskrant* 3, Novermber 2003.

1999年10月，有一名女子给我打电话，说想跟我私下谈谈她母亲的事。她叫安娜，她提出要到我家来跟我谈。我当时不太情愿，于是问她能否像其他人一样，写信把事情的经过告诉我。不过，她说她的母亲——路易丝已经以一封简短的书信向我报了名，信中她说明了自己是日军强迫卖淫的受害者。安娜说，对她而言，要她把母亲的悲惨遭遇冷静地写成文章实在有点难。因此她想先到我这里来跟我聊一聊。她还说她母亲也不能写，因为母亲现在年迈体弱，重病在身。于是我只好妥协，答应了她来我家的要求。

到了那天约好的日期和时间，我家的门铃响了。我打开门，一个身材矮小、妆容整齐、长得有点像印尼人的女子站在我的面前。除了她之外，还有一个身材修长、像是中国人的男子和一个12岁左右的小女孩。这阵势完全出乎我意料。令我惊讶的是，为什么她不事先告诉我她要带着男人和孩子来呢。再者，谈这种事情要是有孩子在场我总觉得不妥，不过我又觉得安娜可能有别的想法。因此，我只好让他们三个人进来。穿着高跟鞋的安娜看上去精气神十足，她给我带来了一束紫色的菊花，当中有一枝被折断——多么有寓意啊！他们三个坐了下来，喝完一杯咖啡后，安娜开了口。她从椅子上探出身子，激动地说起了她母亲路易丝的往事。

安娜的讲述

安娜详细讲述了在第二次世界大战中，路易丝是如何受到日本侵略者侵害的。

当她在讲述路易丝被强迫卖淫的经历时，小女孩把我房间里参观了个遍。这孩子似乎很喜欢看我房间里的各种东西，丝毫不在意安娜所说的那些可怕的事情。尽管如此，我还是觉得小孩子在场很不合适。

安娜讲完路易丝当"慰安妇"的经历后，还告诉我，在二战后路易丝知道了她丈夫在战俘集中营里去世的消息。她和安娜，还有安娜的两个姐姐一起返回了荷兰。

安娜对母亲的"照顾"

安娜又对我说，她母亲今年89岁，一个人无法自理，所以来阿姆斯特丹和她同住。她母亲连走路也有困难，因而从不外出。她还患有各种疾病，需要有人时刻照料。安娜把照顾母亲的责任全部扛了下来，给母亲洗澡，涂各种药膏，管她一日三餐，关照她每天按时吃药，还贴补母亲不少钱。当我问她为什么不把她母亲送到养老院住时，她告诉我，在印尼社会里，父母年纪大了都是由子女照顾的，要是她把母亲送去养老院的话，那母亲就成了养老院里一个编号，所以她丝毫就没有想过要让母亲被关在那样的地方。

我要安娜把她母亲的事写成书面文章交给我，否则我便无法将文件提交委员会审议、决定。安娜答应了我。她似乎觉得能亲口告诉我她母亲的事很欣慰。她说她会打一份文件，让她母亲签好字后寄给我。另外，安娜还告诉我她母亲已经没有银行账号了。她希望委员会做出决定后，能把钱打到她和她母亲共有的账户上。我告诉她，荷兰项目实施委员会需要她提供她母亲的知情同意书才能这么做，否则就需要安娜为她母亲另外开设账户。安娜听了之后告诉我她会和母亲沟通。

路易斯的"申请"

安娜带着男人和孩子一起回去了。一周后，我收到了一封内容详细的申请书。上面写着安娜告诉过我的事情的完整经过，最下面有路易丝潦草的签字。每当收到申请书后，我会把登记表寄给对方，让对方填好个人信息并签好字再寄回给我。寄给我的路易丝的申请表上也有她的亲笔签字。荷兰项目实施委员会通过不同的机构[1]查证核实了她的经历，决定向路易丝支付"生活改善项目"基金。我把这些事写在了信里。因为路易丝的女儿安娜说路易丝和她住在一起，所以我就在信封上写上"安娜转路易丝"寄了出去。后来过了没多久，路易丝回了信，里面有一封同意书，同意安娜代替她接收"生活改善项目"基金，上面有那个熟悉的潦草签字。

我事后才知道，总额57450荷兰盾的"生活改善项目"赔偿款就这样被分成三次打到了安娜的个人账户上。每次划款后我都收到了有路易丝签字的收据。

---

1 荷兰项目实施委员会须在相关机构的配合下，方能查证核实申请人的经历，这些机构是：红十字会、退休金与救济金理事会、战争受害者基金会等。

欺诈

2001年7月,"亚洲妇女基金"提供的"生活改善项目"基金事业终止了。报纸上对此事也作了报道。

7月末,路易丝的外孙给我打来了电话。他说他在报纸上看到曾经充当"慰安妇"的荷兰女子拿到了5万多荷兰盾的"生活改善项目"的赔偿款,可他的祖母却分文未得。他是安娜的姐姐的一个儿子。这位叫也利的年轻人向我诉说了他的疑惑:他的外祖母向委员会提交了申请表,可后来不知为何再也没有收到项目实施委员会的任何消息。我顿时被吓得哑口无言。后来我了解到,安娜欺骗了她的母亲,也欺骗了项目实施委员会。她说她照料自己可怜的老母的感人故事都是编造的,她的母亲根本没有和她一起住在阿姆斯特丹,而是回到了印度尼西亚,从1997年起就一直住在她的大女儿家里。安娜冒充她母亲歪歪扭扭的字迹,在信上、文件上签了字。我估计路易丝寄出的第一份申请表可能是安娜拜托她母亲不要把申请表直接寄给我,而是寄到她那里,然后她自己去提交的。接着,为了避免她母亲住在印度尼西亚的消息走漏出去,她又直接把申请表从阿姆斯特丹寄到了我这里。

项目实施委员会决定将这起诈骗事件向阿姆斯特丹总警察局报案。我把报案信及11份相关文件都寄了过去。可是对方回复我说我不是路易丝的家人,没有权利起诉安娜。我觉得这很不合情理,我们项目实施委员会也被骗了呀!我不打算就此罢休,于是我去找了路易丝的女儿,也就是也利的母亲,问她有没有报案的意愿。也利的母亲说他们全家一致认为安娜对自己母亲的所作所为是家门的奇耻大辱,不能放过她。那天我与安娜的姐姐谈了许久,并教了她报案信的写法。

审判

　　2003年11月3日，阿姆斯特丹法院受理了这起案件。我和我丈夫也一同出席了审理。安娜没有到场，而是委托了律师出席。当法官提问说，路易丝在第二次世界大战期间受到日军逼迫卖淫，有着悲惨遭遇而安娜为什么能够下得了手时，律师说安娜已经在警方调查时就说过"我有权拿到这笔钱，因为跟其他孩子相比，母亲给我的太少"。安娜早已把那笔钱全部花光，一分不剩。

　　法院判决安娜强制劳动120小时并支付1万欧元给一个叫"关怀荷兰受害者"的团体，再经由该团体转交给安娜93岁的母亲。如果安娜支付不了上述金额，就再追加120小时强制劳动时间，以示惩罚。

　　这起案件在新闻媒体上有过详细的报道。2003年11月3日出版的荷兰《人民报》上刊登了一篇"以天皇的名义强奸你"的文章。我用的路易丝与安娜这两个化名，就取自《人民报》上佩特·德·赫瑞夫所写的报道。

　　电视上也报道过这起案件。由于当时审理的过程被拍了下来，后来就有报社记者来采访我。我说我在这件案子上难辞其咎。我痛恨自己当初没有再谨慎一些，没有注意到事情不对劲。

　　到后来我才恍然大悟，安娜带一个中国人和一个孩子来我这里这事本身就十分可疑。当时我就不该相信她。那名男子很可能是她的同谋，可是，带着孩子来谈日军强迫卖淫这个话题，真是不应该。单就这一点来说，安娜的做法就很有问题了，可见安娜根本没有考虑到孩子幼小而脆弱的心灵。再者，她也没对我讲过半句真话。她应该是觉着，有那名男子，尤其是有孩子在身边的时候，我更容易相信她的话吧。

　　结果，这个案子给原本圆满结束的"生活改善项目"在荷兰的实施留下了一个污点。

判决

  法院判安娜向"关怀荷兰受害者"团体支付1万欧元。这笔钱仅能换算成22000荷兰盾,连她母亲应得的金额的一半都不到。
  至于安娜是否真的有能力向"关怀荷兰受害者"支付这笔钱,我已不得而知。不过依我看,她多半是付不出来的。在法庭上,我亲耳听见她的律师提到她时,说过"粗糠里榨不出油来"这样的话。那笔钱是真的全花完了。我听安娜的外甥也利说,家里人发现安娜突然摆起阔气时都吓了一跳。
  另外,我也不清楚安娜是否真的参加了两次120小时的强制劳动。我猜安娜可能找了个正当的借口躲过了执行。她精心策划,欺三瞒四,伪造签名,把她母亲应得的57450荷兰盾纳入了自己囊中。我认为,她犯下如此大罪,只判她强制劳动实在太轻了。我当时真希望法庭能判她到监狱里蹲上个几年。

第十章

在集中营外被捕的女性

按照所谓的"血统"原则，很多荷印混血女性可以留在集中营外生活。她们都是带有印尼人血统的荷兰籍妇女，其中大部分人都找了荷兰人结婚。这些女性及她们的女儿有不少人是在街上或从自家的住处，被日军士兵或是日军指定的经营者强行带到日军娼寮的，在那里数月甚至数年充当着满足日军士兵性欲的工具。

本书第五章介绍的玛露塔就是她们当中的一员。

当时，日本士兵强暴成年妇女或年轻少女的事情常常发生。强奸对每一个女性来说都是十分可怕的经历，一旦遭到这样的伤害，当事人就很难摆脱这种心理创伤（创伤后遗症）。令人遗憾的是，这种事情却在随时随地地发生。任何一次强暴行为都会给受害者造成伤痛，而每天要承受众多男人禽兽般的强暴更会给受害者留下终生难以愈合的创伤。很多留在集中营外生活的女性，就这样几乎每天遭受轮奸，成为日军性暴力的牺牲品。

叶妮[1]的遭遇

叶妮以写信的方式向荷兰项目实施委员会提出了申请，在信中她简短地讲述了自己的经历。在信的末尾她写道："你们不必隐瞒我的身份。你们尽管把这些日本人对我的所作所为告诉全世界。"（这

---

[1] "叶妮"为化名，在申请信中以及我们的多次通话中，当事人允许我将她的经历公之于众。

段话是对她用英语写就的书信结尾的忠实翻译。)信的字里行间透着她对日本人的满腔怒火。经荷兰项目实施委员会与"亚洲妇女基金"协商同意,确定叶妮符合"遭到多名日本士兵多次强暴"的标准。她的申请书通过了荷兰项目实施委员会审核,由此获得了领取赔偿金的权利。

叶妮是一个五官端正的印尼裔荷兰女孩。她的父亲是荷兰人,母亲是印尼裔荷兰人,她是家里的老大。她父亲是巴达维亚事务所的员工。在日本偷袭珍珠港后,荷兰正式向日本宣战,身强体健的荷兰男子全被招入了荷兰皇家军队。叶妮的父亲也应征入伍,不得不与家人告别。与许多女子一样,叶妮的母亲只好带着三个孩子——叶妮和她的两个弟弟——回到了娘家。印尼裔荷兰女性拖家带口住在集中营之外绝非易事。由于不算是荷兰人,她们没有进集中营,但还是会因为混血儿的身份遭到当地人的白眼。陷于这种尴尬境地的她们,为了生存,只好靠变卖家中多余的家具、珠宝、手工食品、手工艺品之类值钱的东西过活。

1944年6月的一天,16岁的叶妮被几名日本士兵劫走了。那一天,她带着许多商品到街上去卖,在回家的路上,一辆汽车突然停了下来,两名日本士兵从车里跳了下来,将她强行推上汽车,并将她牢牢束缚住。当时车上还坐着另外两名士兵。汽车一直开到郊区,在一栋建筑物的门口停了下来。士兵把她拉下车,强行带进了建筑物内。

她在那里遭遇的经历给她留下了一辈子都难以抹去的痛苦记忆。士兵把她押进一个有一张桌子和几把椅子的房间,便开始动手脱她的衣服。叶妮又是踹人又是咬人,使尽浑身力气抵抗,不让对方碰到自己。可是日本人又是打她的脸,又是踩她的肚子,弄得她在地板上直打滚,还把她的衣服扒了个精光。墙壁上斜靠着似乎是预先准备好的十字形木料,这群男人把它放倒在地上,将叶妮的四肢牢牢捆在了上面,使她丝毫动弹不得。这群士兵轮流侵犯了她。每当一个人在享乐的时候,其他三个人就会站边上一边喝酒一边龇牙咧嘴地笑。过了一会儿，酩酊大醉的士兵便开始拿起棍棒抽她，受不住疼痛的叶妮晕了过去。

叶妮一定是昏迷了很久，因为等她恢复意识的时候，天已经黑了。她还是被死死绑在十字架上。她发现自己身上裹着一条脏兮兮的毛巾，地上到处都是空酒瓶，满屋子都是刺鼻的尿味、香烟味和汗味。士兵们不见了踪影。叶妮心里害怕得紧，可还是时不时地打起盹来。突然，一盆冷水浇在了她的脸上，她惊醒过来。是那群男人回来了。他们喂她喝了点什么东西，然后又开始轮奸她。那些士兵在休息的间隙会喂她喝点水，还给她东西吃，可她什么也吃不下。他们偶尔会外出，可是很快又会回来，接着干同样的事。这一切持续了多久，叶妮已经记不起来了。每当男人们离开后，她间或会困得睡去，可根本睡不好。

有一次，她醒来时发现自己不再被绑在十字架上，绳子也被解开了，房间里只剩下她一个人。她看到角落里放着她的衣服。她试着朝那个方向挪动身子，可她的四肢已完全麻痹，她是费了好大的劲才跪在地上，挪到放衣服的地方。她感觉自己要把衣服穿好得花上好几个小时。她刚晕乎乎地站起来，就感到腹内一阵剧烈的刺痛。她扶着墙壁，一步一步地朝着入口的方向走。门没有上锁，走廊里也没有人影。因为看到了出口，她尽可能地迅速往外走了出去。走路虽然很疼，但她无论如何都得快点离开那栋大楼。这时天已经快黑了，疲劳过度的她走路跟跟跄跄的。她含着泪在路上漫无目的地走着，最后总算被几个过路人给救了回去。多亏她们叫下一辆小马车，身心俱疲、满身疮痍的叶妮才最终回到了自己的家里。身体和内心都受到巨大创伤的她倒在了母亲的怀里。成天担惊受怕，为了寻找女儿像无头苍蝇一般到处奔波的母亲马上找来了医生，医生给叶妮做了应急处置后就立即把她带到了医院。经检查，她已经受了内伤，子宫染上了传染病。叶妮的母亲请求给女儿看病的医生写一封诊断书，医生答应了她的要求。叶妮把这封诊断书的复印件附在申请表里寄了过来。医生要求叶妮静养好几个星期，她在这段时间里渐渐恢复了体力。叶妮成天紧张担心，以致在1945年8月日本投降之前都不敢外出。后来据她的母亲说，叶妮当时被带走了整整三天。

然而，对这个家庭而言，悲剧并没有结束。叶妮的父亲成了日军的俘虏，最后与大批荷兰皇家军队的军人一起被关押在巴达维亚的一个旧军营里。那里也关押着英国和美国的俘虏。就在临近战争结束的时候，传来了噩耗：叶妮的父亲在日本货船"顺阳丸"号劫难中丧生，此次劫难死亡人数众多。

货船遇难[1]

1944年9月15日，日军俘虏从巴达维亚被送往丹戎帕拉帕斯港，那里停着日本破旧的货船"顺阳丸"号。有4200多名爪哇强制劳工（劳改犯）、约1100名的荷兰俘虏以及约1100名英、美俘虏被送进了船舱。船要开往苏门答腊岛，因为日军准备在那里建设一条军用铁路，但此事并未告知这群乘客。日军1943年9月就开始在苏门答腊建设这条铁路了，这条铁路将会把西海岸和东海岸连接起来，从西海岸已经有一条铁路连接到米奥拉。水上运输可以从北干巴鲁经过深水的赛克河和马六甲海峡到达新加坡。在米奥拉和北干巴鲁之间断缺的这一段，就是臭名昭著的北干巴鲁铁路（也被称作"死亡铁路"）。这条铁路有220多公里长，横穿苏门答腊岛上茂密的原始森林，由无数的劳改犯和战俘修建而成。铁路的土堤是先前由劳工们造好的，接下来就要铺设轨道，所以需要巨大的人力。9月16日，装得满满的货船开始向西北方向启航。船内的状况惨不忍睹。人们挤在闷热的船舱里，每个人只有少量的饮用水，没过多久，痢疾等传染病就在船上蔓延开来，船舱里充满了难以忍受的恶臭。好几个人由于受不住这样的环境而病死了，

---

[1] 来源于《维基百科》："顺阳丸"号货船的劫难。

没有人为他们哀悼，而是直接把他们当垃圾一般抛到了海里。出港两天后的下午，突然传来一阵爆炸声，过了一会儿又传来一阵爆炸声。原来，为了拦截在旧荷属东印度境内的日军补给物资，英国"信风"号收到了击沉日本货船的命令。这两声爆炸声就是英国"信风"号潜水艇发射的两发鱼雷命中的声音。潜艇艇长并不知道"顺阳丸"号在运送俘虏。在第二次爆炸声传来之后，船上的人都陷入了恐慌。所有人都想从船上逃脱。站在甲板上的人成功跳进了海里，可是在船舱里的人为了抢先逃出舱外都去攀爬楼梯，一片混乱。在这一过程中，被军队里的同事压死在下面的人不在少数。没能逃到甲板上的人在第二次攻击后的20分钟后与船一起沉入海底。当时死亡人数达到了近6000人，其中就有叶妮的父亲。只有675人从事故中生还。

二战结束后

对失去了父亲的叶妮，失去了丈夫的母亲和两个同样失去父亲的弟弟而言，他们的前途变得一片黑暗。他们与当地人之间的气氛一天比一天紧张，因而不得不尽早离开旧荷属东印度。印度尼西亚的青年，手握锋利的竹枪四处巡哨，威胁着荷兰人和印尼裔荷兰人的生活。印度尼西亚独立战争（八月革命）达到了高潮。

1946年初，他们一家坐船撤回到荷兰。到达荷兰后，叶妮父亲家的亲戚们亲切地迎接了他们。可是，他们一家并不适应在荷兰的生活。尽管让他们寄宿的亲戚人都很好，可她们还是能感觉到其他大多数荷兰人的不友好。尤其是叶妮的两个弟弟吃了不少苦，在学校里被人骂作"黑奴"。叶妮父亲的一位长年居住在美国的朋友给叶妮的母亲来信，建议他们一家到加利福尼亚去。叶妮的母亲觉得这个主意甚好，于是他们就在那位朋友的帮助下办好了举家移居美国的手续。

他们一家在新的国家各自过上了幸福的生活。叶妮从护理学院毕业，日子过得相当滋润。对她来说，当护士照顾病人也是她人生中一大乐事。她所在的医院也使她感到安心。这时的叶妮还是一个非常美丽动人的姑娘，有不少人向她求婚，可她还是一个人过了一辈子，因为被日本人粗暴地侵犯而留下的创伤使她无法面对婚姻。她有些神经质，易焦虑，还经常受到花粉过敏之苦，夜里也常常失眠。曾经有一些申请人，想先了解我的背景，然后才敢向我报名申请，叶妮就是其中之一。她从美国打来过好几次电话，在漫长的通话过程中详尽地诉说了她过去的人生经历。

2004年，76岁的叶妮与世长辞。

第十一章

巴达维亚临时军事法庭[1]

---

[1] 从纯粹编年学的角度看，也许把关于巴达维亚临时军事法庭这一章放在第二章之后更恰当，因为第二章里介绍了日军强迫卖淫的来龙去脉，可是，我仍然选择了在讲述受害女性们的惨痛经历之后，再来介绍巴达维亚临时军事法庭。我认为，这样安排能让读者更好地理解"强迫卖淫"这一奇异现象以及这一罪行给受害者造成的后果。

东京法庭

国际军事法庭的远东庭（简称"东京法庭"）从1946年5月至1948年11月，在东京由盟军主导组建，对日本战犯进行了审判，但令人遗憾的是，这次审判并没有涉及强迫妇女卖淫的问题。真正直面这个问题的只有巴达维亚临时军事法庭。

巴达维亚审判

巴达维亚临时军法会议是战后为起诉和审判日本军人而成立的荷兰军事法庭，强迫卖淫案件[1]也在讨论之列。1944年2月，若干荷兰妇女和少女，被日本军官从中爪哇省三宝垄附近的几家集中营里强行抓走，而后被强迫在"慰安所"里为日本军人提供性服务。

曾经担任过安巴拉瓦第四集中营负责人的一名荷兰女子，出庭作了证。她的证词还包括以下内容：1943年10月，几名妇女被日军从苏腊巴亚转移到了安巴拉瓦。她们被关入了安巴拉瓦第四集中营，而这位证人就在这时当上了集中营的负责人。那时，集中营还处于"民

---

[1] 在东京法庭建立期间，在以澳大利亚人W. 韦布（W.Webb）为庭长的审判庭被指定时，就作出了法律上的"甲级战犯"（A criminds）和"乙级战犯"（B criminals）的区分。"甲级战犯"是指那些未经事先宣战而发动战争的首要嫌犯（裕仁天皇、东条英机等人）；"乙级战犯"则是集中营的指挥官、日军"慰安妇"的负责人和日本宪兵的负责人。这些"乙级战犯"将由临时军事法庭（在亚洲总共有22个）对其进行审判。L. F. 德赫鲁特（L. F. de Groot）先生是巴达维亚临时军事法庭的候补庭长。（除巴达维亚外，在苏门答腊的棉兰、新加坡及其他地方也设立了同等的临时军事法庭。）

事－军事联合统治"[1]之下，由当地印尼警察负责看守。日军将校有时会来集中营视察。1944年2月26日就有三名日本宪兵前来视察，他们命令17岁至28岁的女子全部出来列队，说是要招聘办公人员。他们挑中了9名年轻女子，要求她们在半小时以内做好出发准备。这几名女子的母亲与其他集中营营民当场提出强烈抗议，却毫无效果。日本人说他们会安排那几名女子的家人日后去她们那里，另外还郑重告诉这几名女子的母亲他们只是缺少负责后勤事务的人手。集中营的负责人告诉那几名女子："去吧，不用担心，只是换个地方而已。"（直到战争结束以后，这个负责人才从其中一位母亲的来信里得知那些女孩的悲惨遭遇。）

日军通过这种手段，尝试在三宝垄周边的8家集中营中征招年轻的荷兰女子，然而，由于在其中4家集中营里受到了集中营营民的强烈抵抗，所以他们的阴谋以失败告终。庭上的证词和其他文件向法庭清楚地证明，另外四家集中营中至少有35名女性被日本人抓去强迫卖淫。

士兵从集中营里带走的女孩都被带到一栋建筑物内，她们被迫在用日语撰写的文件上签了字。这是为了故意制造这些女孩们是自愿成为性服务志愿者的假象。她们是几个人一组被分批送进小房间签字的，房间里站着的日本军人拿手枪威胁她们，因而她们不得不签字。签字仪式一结束，她们就被士兵带去"慰安所"，还给起了日本名字。

1944年3月底，日军开始直接接管爪哇的集中营，宣告了日本军政借助当地警察看守的"民事－军事联合统治"阶段的结束。从那时起行使职权的是日本第16军，因此集中营的管理变得极为严格，特别是对集中营的负责人。大多数情况下，是日军的下级军官被指派担任集中营的指挥官。安巴拉瓦第四集中营（由日军直接接管后更名为安巴拉

---

[1] "民事－军事联合统治"：这个概念可以被理解为1944年3月和4月的过渡时期，就是在全部权力，不管是对集中营的统治权，还是对当地人的土地的统治权，都归于日军第16军的军事统治下之前的这个阶段。彼时日军总体败局已逐渐清晰，军事上的节节败退使得他们对当地人变本加厉，当地居民遭受饥饿，遭受日军的报复，积怨深重，以至于各方面都猜疑土著人搞了一些破坏活动，以此来帮助当时已经在途中的盟军在印尼登陆。

瓦第九集中营）的指挥官刚刚上任，被带走的女孩们的母亲就强烈要求他要么把女孩们带回来，要么就兑现当初的承诺，把她们送去自己女儿的身边。指挥官口头答应说会尽力办好这件事，同时却禁止这些母亲对来访的日本人提及这件事。

这道禁令引起母亲们的愤慨，她们认为事不宜迟，决定和第一个来到集中营的日本人说说这事。4月底，从东京派来的小田岛上校带着副官吉田大尉，来视察最近才由日本军政府全部接管的集中营。有一位母亲将事情的来龙去脉告诉了小田岛上校。小田岛上校知道，把年轻女子从集中营强行带走不仅违反国际法，而且与《日内瓦条约》的规定也是相抵触的。他当即采取了行动，并向东京有关部门汇报了该情况。东京也迅速发来指示，要求立即查封关着从集中营里带出的荷兰女孩的"慰安所"。1944年5月10日，这些女孩们被巴士车运送到茂物市近郊的戈塔帕利集中营，在那里与母亲、兄弟姐妹团聚。[1]

有罪判决

在中爪哇地区，日本第16军所在军官学校的校长与其他几名军官商议，计划在宪兵队[2]的协助下将三宝垄的几处房屋改造成供军官使用的"慰安所"，从附近的集中营召集荷兰妇女和少女卖淫。为了达到这一目的，他们必须征得巴达维亚第16军总部与当地日本司政官的许可。他们得到的许可是附有明确条件的，即从集中营里带出来的那些妇女必须是出于自愿，且年龄不小于17岁。军官学校的日军军官在宪兵队

---

[1] 记者梶村太郎（Taichiro Kajimura）所写的文章，登载于《周刊金曜日》（Syukan Kinyobi），2007年6月22日，由村冈崇光（Takamistu Muraoka）博士、教授（荷兰莱顿大学希伯来语言和文学退休教授）翻译成了英语。由村冈崇光博士倡议发起，"荷兰—日本—印度尼西亚三方会谈"工作组每年举行一次会议。

[2] 宪兵（Kempeitai）是第16军军事警察的名称。其他岛屿上的军事警察有其他的名字，比如加里曼岛（Borneo）岛上的海军叫"特警队"（Tokkeitai）。

的协助下，于1944年2月开始实施该计划，并执行完毕。日军以虚假的名义，将多名17岁至28岁的年轻女子运送到了三宝垄的几家"慰安所"（军官俱乐部、三宝垄俱乐部、太阳庄、双叶庄）。

"慰安所"突然被查封后，军官学校的校长去了巴达维亚军队总部，在那里他对此事表达了他的歉意。这是因为他认识到自己违背妇女们的意愿，用花言巧语把她们从集中营带走的行为已经超出了做人的底线。然而，他和其他应当被追究责任的军官，都没有受到日本军方领导层的处罚，这位军官学校的校长在巴达维亚临时军事法庭上这样解释道。

巴达维亚临时军事法庭对12名日本军人提出了指控。1948年3月22日，法庭进行了宣判。被指控的日本军人因从集中营里强行带走荷兰女子并强迫她们在三宝垄的"慰安所"里卖淫而被判有罪。这12名军人被判处长期监禁。

一名日本军官参与了把荷兰女子从集中营里强行带走这一行动，但在军事法庭上，他没有表现出丝毫的懊悔。他不仅强迫这些女孩在用日语写就的所谓的"志愿书"上签字，还起草了"慰安所"的管理规定，给她们起了日本名字，甚至还强奸了这些女孩。在临时军事法庭上，这名军官被判处死刑，于1948年11月27日被执行了死刑。[1]

巴达维亚临时军事法庭只审判了触犯国际战争法的日本军人，他们因从日军的平民集中营里将妇女强行带走，继而强迫她们在日军的"慰安所"里卖淫而被判有罪。令人痛惜的是，巴达维亚临时军事法庭没能审判那些强迫集中营外的很多妇女卖淫的日本军人。正因为这样，那些罪犯逃脱了惩罚。

1　L.F. de Groot, *Berechting Japanese oorlogsmisdadigers in Nederlands-Indie 1946–1949*, (Dutch: Art & Research, 1990) .

第十二章

荷兰项目实施委员会的任务圆满完成

我们先在"日本赔款基金会"的月刊上登载了招请启事，呼吁日军强迫卖淫的荷兰受害者，如果她们愿意接受"亚洲妇女基金""生活改善项目"的资助，请向保密顾问报名申请。从那时起，我就收到了很多人的申请信，这些人都认为，该项目对他们也适用。荷兰项目实施委员会成立以后，我们开始了对所有申请人的调查核实。很大一部分人，我们必须淘汰，因为他们的情况不符合我们的标准。最后还剩107位申请人，我们又进行了进一步的核查。核查的结果是，又有29人不符合项目的标准。

"慰安男"

到申请截止日2000年3月15日为止，项目实施委员会共接受了78位申请人，并同意他们获取"生活改善项目"的资助。在这78个人中，有4名男子。鉴于这4名男子在8—12岁时也遭受了残酷的性暴力，项目实施委员会请求"亚洲妇女基金"也接纳他们作为受害者获得项目赔偿金。我们接纳受害女性的所有标准，这四名男子都完全符合。他们也是被人数或多或少的日军长达数月、经常性地、违背本人意志地强奸的。两名住在集中营外的男子，几乎每天被强奸，长达数月。一个是被两名日本军官轮奸，一个是被四五名日本兵轮奸。另外两名男子，是在两个不同的平民集中营里被大群日本兵轮奸，几乎每天，达数月之久。这四名男子都是在日本军人的强制勒令下才配合的。如果他们拒绝，日本军人就一次又一次地威胁要杀死他们的家人。这四名男子中有一人允许我们将详细陈述其经历的申请信交给荷兰战争文献研究所。荷兰战争文献研究所认为，所谓的"慰安男"这个名称没有被正式承认，但我们项委会通过调查还是证明了，这四名男子也同样被多名日本军人以威胁或强制以及暴力的手段反复地、长久地强奸了。

和大多数女性受害者一样，出于羞耻，不敢与人们讲述。另外两位最终得到了心理帮助。他们的精神医生同意为他们出具证明，并随附在他们的申请信里寄给我们。这些精神医生无可争议地，他们的病人患有一种严重的创伤后压抑症，这是由他们童年的不幸遭遇造成的。

这四名男子后来的生活都异常艰难。和那些女性受害者一样，他们对于曾经发生在自己身上的遭遇也有着巨大的羞耻感，所以他们也沉默了多年。他们也曾饱受重现的噩梦，阶段性的抑郁、头痛、恐惧以及一些生理疾病的折磨。他们四人也因此没有一个在职业生涯上有所建树。回到荷兰以后，他们在学校遇到了很多问题，他们的极端恐惧也给老师带来了麻烦。在学校里他们是孤独的孩子，由于恐惧，他们什么也不敢做，总是缩手缩脚，所以同班同学很难和他们相处。其中三个最终还是结了婚并且有了孩子。不过，他们和家人、和周围人之间，经常出现紧张局面，因为他们已经形成恐惧型人格了，所以无法和伴侣、孩子以及工作中的同事很好地进行交流。

社会福利机构

项目实施委员会在项目实施过程中遇到了一些困难，这些困难来自几个社会福利单位。有几位受害女性是靠领取当地社会福利机构的津贴生活的。当我们在2000年把第一笔项目赔偿金分发给受害人之后，我们收到了几位受害人的消息，说：社会福利机构认为，这笔钱要纳入福利津贴中结算抵消。我们项目实施委员会直接与相关的社会福利机构进行了交涉。这些受害女性因为收到这笔项目赔偿金，导致她们的日常津贴就要被扣除一大块。这绝对不是项目的本意，因为这笔钱是对那些被日军强迫卖淫的"慰安妇"在战时所遭受的伤害和痛苦的赔偿。我们费尽周折才让社会福利机构做出了改变。起初，他们就横在那里，不可撼动，不过最后还是被我们说服了。财政部曾经为我们出具了一个书面说明：对受害者收到的项目赔偿金免征个人所得税。用这个书面说明和日本首相桥本龙太郎的道歉信，项委会最终说服了社会福利机构，在赔偿金之外，受害女性仍照旧能够领取津贴。

"生活改善项目"的实施与其他国家的比较

在荷兰，项目总体进展很好，而其他国家正相反。特别是在韩国，"亚洲妇女基金"遭到了当地妇女组织的强烈反对。人们把"亚洲妇女基金"要在那里发放的罚金看作是"爱心捐款"，因为这笔资金来自日本民众和日本企业的捐款。在韩国这被看作是极其耻辱的一件事，妇女组织还认为，受害女性将会因此再一次受到伤害。最终，这些妇女组织拒绝接受这笔罚金。

在荷兰则完全不同，我们是通过一个项目来运作的。"亚洲妇女基金"的项目不是用日本民众和日本企业的捐款支付的，而是完全由日本当局出资。另一个重要的区别就是，对于是否接受项目的赔偿金，荷兰的每一位受害女性都是自己自由选择的。可是，在一些亚洲国家，特别是韩国，受害者不能自己决定是否接受那笔罚金。

为"生活改善项目"的结束所做的准备

因为该项目在荷兰进展如此顺利,经过与日本政府商议,"亚洲妇女基金"决定将第二期和第三期的付款同时兑现。"亚洲妇女基金"把这两笔款项支付到项目实施委员会的账户上,然后我们再把这两笔项目赔偿金发放给项目实施委员会确认的所有受害者,也包括那些住在荷兰以外世界各国的受害者。[1]至此,项目已临近结束,但在结束前,项目实施委员会还有很多事情要处理:

- 我们通知了项目实施委员会的会计师,要求他做出一个终结报告,在这之后我们才能注销银行的账户。
- 我向每一位经过项目实施委员会承认的日军强迫卖淫的受害者,都提出了如何处置她/他们的申请信原件的问题。在这些申请信中,他们毕竟写下了他们的私人经历。因为信里白纸黑字地写着他们敏感而痛苦的隐私,所以项委会决定给受害者们提供三个选择:

1. 您的申请信以挂号信的方式寄回给您。
2. 您的申请信由保密顾问用碎纸机销毁。
3. 您的申请信移交给荷兰战争文献研究所,您允许我们替您移交。

绝大部分申请信,我都用挂号信寄回或者用碎纸机销毁了。幸好还有一小部分记载这段历史的重要信件,可以移交给战争文献研究所。我移交了这些信件,然后收到了战争文献研究所的声明:这些信件将持续很多年不许被查阅或研究。这是为了保护受害人的隐私。

---

[1] 领取项目赔偿金的受害者来自下列国家:荷兰55人,英国2人,印度尼西亚8人,加拿大2人,美国5人,澳大利亚6人,印度1人。

第79位受害者

在项目实施委员会向它确认的所有受害者发放了后两笔赔偿金之后，我收到了一位女性的愤怒的来信，她在信中威胁说要对项目实施委员会提起诉讼。在我为"日本赔款基金会"工作的那段时间里，她就已经作为日军强迫卖淫的受害者报名申请了。现在她从一个同伴那里得知这个同伴已经从"亚洲妇女基金"收到了一笔可观的钱款。当时，"日本赔款基金会"组建的"慰安妇"委员会与"亚洲妇女基金"经过协商达成一致：为了荷兰的受害者，要在荷兰本土建立"生活改善项目"。关于此事，我们在"日本赔款基金会"的杂志上宣布过。这位女士当时寄来一封信（一式四份）对该基金会做了回应，告知她不想参加任何项目。

因为我在为"日本赔款基金会"工作的同时，也担任日军强迫卖淫受害者的保密顾问，所以她的信到了我手里。我和她之间存在一个误会。她以为，在荷兰建立的项目，不会发放赔偿金，只会用来做历史研究。可是，因为她在她的一式四份的信中那么确定地宣告，她不想参加任何项目，由此我理解为她也不想参加"生活改善项目"，她也像她的同伴埃伦·范德普鲁荷女士和扬·鲁夫-奥赫恩女士一样，因为坚持自己的原则而拒绝该项目，但是我向她承诺，我还会为她再向"亚洲妇女基金"争取一下。她是被日军从安巴拉瓦的一个集中营里挑选的少女之一，后来被带到了三宝垄的一个军用"慰安所"。

第二次去日本

2001年3月，我和我先生第二次受日本政府邀请前往日本。"亚洲妇女基金"的理事会全体成员，就项目实施委员会关于如何结束项目的想法，要与我商谈。还有一些具体问题需要进一步沟通和解释。

在一个大会议厅，"亚洲妇女基金"的全体理事和顾问以及其他工作人员全部到场，我和我先生受到了当时的"亚洲妇女基金"主席、日本前首相、"亚洲妇女基金"发起人村山富市先生的热烈欢迎。村山先生用日语致欢迎词之后，是我的讲话。我当然准备了一篇很长的英语讲话，这时就慷慨激昂地开始讲了，我以为会场上人人都能听懂英语。可是，我刚说完第一句话，他们就打断了我，因为他们必须把我的讲话翻译成日语。事后我才知道，有一些人（包括村山富市先生）一点英语也听不懂。我和我先生都非常吃惊。不过，翻译间歇，我正好可以从容地聚焦于我的下一段讲话。

在会上，我讲述了我们项目实施委员会是怎样工作的。我告诉他们，为了追寻尽量多的日军强迫卖淫的荷兰受害者，我们尽了最大努力。"亚洲妇女基金"提前付清了我们称作"紧急案例"的钱款，也提前付清了最后一期（第三期）项目款，我为此向"亚洲妇女基金"表示感谢。应我们的请求，"亚洲妇女基金"同意把申请截止日期推延了一年多，对此我也表示称赞，因为在延长期里，确实有几位女性最终鼓起勇气，还是申请了该项目。我对"亚洲妇女基金"工作人员的精诚合作和一丝不苟表示了感谢，项目在荷兰的实施能如此顺利、圆满，是和他们的帮助和支持分不开的。另外，我还告诉他们，在如何"处置"那些申请信的事情上，我向受害者提供了三个选择方案。最后，这些重要信件中的几封，经受害者本人同意由我交给了荷兰战争文献研究所,对此,"亚洲妇女基金"也感到欣慰。最后,我从心底里感谢"亚洲妇女基金",感谢他们在寻找莉娅的两个孩子一事上所给予的关心和帮助。

我讲话后,大家可以提问,他们提出的问题中有一个让我大吃一惊:"为什么您当时在'亚洲妇女基金'与'日本赔款基金会'下属的'慰安妇'委员会协商期间,没有要求罚金而是要求建立一个项目?"我回答说,我当时要求了,因为当时我们认为,对受害者来说,确定知道能收到一笔固定数额的钱款即33000荷兰盾的罚金,应该是令人高兴的。可是,负责和委员会协商的两位由日本大使馆派出的代表回答说,罚金是绝对不可能的,因为荷兰已经签署了《旧金山和平条约》和《斯蒂克-吉田协议》。对此他们没有做进一步解释,那已经是一个不可改变的事实了。所以,在荷兰必须也应该变成一个项目。看来,这里存在一个误会。不过,这个误会后来给荷兰受害者带来的结果是好的,因为她们收到的钱款比我们要求的罚金多很多。

这个会议很长,特别是因为会议全程都必须使用翻译,不过,会议的气氛是轻松愉快的。会议结束时,我收到了伊势女士亲手给我的一个包装精美的礼物。在日本,人们不习惯当场打开礼物,所以我是后来回饭店房间后才打开的。当然,我也给村山富市先生带来了礼物,给跟项目实施委员会打过很多交道的工作人员,每人都有一个特殊的礼物。我也给所有到场的其他人带来了能分发的小东西。"亚洲妇女基金"的副主席山口先生有一个习惯,如果他到荷兰来和我们一起工作,总是会带一些好吃的日本小吃分发给项目实施委员会的理事们。这些特别的美味小吃每次都是他亲自从日本带过来的。所以,为了这个场合,我特地带来了一大盒子各种贝壳形状的比利时巧克力,分发给了所有在场的人。他们非常高兴。我告诉他们,我本来想带一箱"撒上洋葱花的荷兰生鲱鱼"来,我知道日本人很爱吃生鱼,但是我预料到了,携带生鱼肯定有麻烦,而荷兰人关于这种美食的吃法在这里也会遇到麻烦,所以没带。取而代之的是各种贝壳形状的巧克力,尽管是比利时的产品，但海牙是海滨城市，我觉得带贝壳形状的巧克力很合适。

会议结束后，还有一个非正式的聚会，我趁此机会跟和田教授[1]谈了一件事。和田教授是"亚洲妇女基金"的理事，我和他有过很多联系。我告诉他，有一位受害女士由于对项目有误解，没明白项目会发放赔偿金，因而没有申请。我也承担了自己在此事上的责任，我以为她是坚持自己的原则才不申请项目，后来得知并不是这样。如果我后来又和这位女士联系，把项目进一步解释清楚，也许就不会有现在的问题了。和田教授理解我还想为那位女士争取一下的请求。毕竟那位女士作为"慰安妇"很早就报名了。我和和田教授这次谈话起作用了，这位受害女士最后还是从"亚洲妇女基金"收到了全额赔偿金。

和田教授问我，是否可以请我谈谈二战期间我自己和我父母的生活经历？我同意了。当天下午，我向他和另外两名"亚洲妇女基金"的理事讲述了我的经历，就像我在本书的结语里写的一样。听了我的讲述，他们三个都深有感触。之后，和田教授问我是否对日本人仍怀有恨意。我告诉他，在我因工作必须第一次来日本时，我在感情上有很大障碍。由于我个人的家庭经历，"亚洲妇女基金"的工作及随之而来的种种事务常常使我感觉很困扰，有时还会造成激烈的感情风暴，但是，在日本（"亚洲妇女基金"之外）我和人们接触，和人们谈话，当人们了解了我为什么来日本以后，经常会有人向我道歉。日本人这样的反应，对我起了正面的作用。我看到也能够亲身感受到，那些为"亚洲妇女基金"工作的人们有着多么强烈的感受。他们所有人，从上到下，都表明他们真切地理解那些日军强迫卖淫的受害者所遭受的痛苦。他们同意村山先生所言，无论如何这种痛苦遭遇必须很快得到承认，除此之外，也很有必要给这些受害者某种形式的补偿。在此期间有很多受害女性已经离开了人世，他们对此感到非常难过。对这些女性来说，已经太晚了。为了那些还活在人世的受害女性，他们必须加快步伐。由于在政治党派中没有足够的支持，通过法律来解决这个赔偿问题是

---

1 和田春树（Haruki Wada）教授是"亚洲妇女基金数码博物馆"的创建者，见www.awf.or.jp。

不可能的。所以，村山先生创立了"亚洲妇女基金"。"亚洲妇女基金"在韩国等一些国家遭到了嘲讽和贬低。但是，我这样告诉和田教授，在我眼里，"亚洲妇女基金"的人都是正直善良的。通过与他们相识相交，我自己已经把"恨"这一页翻过去了。说完这句话，我看到和田教授眼里噙着泪花。

闭幕式

2001年7月14日，"生活改善项目"闭幕式在海牙卡尔通（Carlton）大使酒店举行。"亚洲妇女基金"副主席山口先生、"亚洲妇女基金"的秘书长伊势女士和她的助理真仲女士，专程从日本赶来。很多人受邀出席，他们当中有当时的日本驻荷兰大使、荷兰的政界要人、荷兰财政部官员德考尔特先生[1]以及美国教授萨拉·苏博士。日本和荷兰两国的新闻界也给予了极大关注。荷兰NOS电视台也对项目的结束仪式进行了报道。

NOS电视台事先采访了"日本赔款基金会"当时的法律顾问。当被问到他怎么看待已经实施的"亚洲妇女基金"的"生活改善项目"时，他的回答是："这些女性收到的是头上一次温柔的抚摸再加上几个日元。"众所周知，该基金会的立场是日本政府应该通过法律途径直接对日军强迫卖淫的受害者进行赔偿。该基金会坚持原则，既回绝了"亚洲妇女基金"的罚金，也回绝了"亚洲妇女基金"的项目，因为他们认为，日本政府企图借助这个民间基金会（"亚洲妇女基金"）逃避它应负的责任。当然，"日本赔款基金会"是自由的，它可以持有这样的原则和立场。荷兰受害者中有几位，比如埃伦·范德普鲁荷女士和扬·鲁夫-奥

---

[1] 德考尔特（de Korte）先生是财政部官员，是他向项目实施委员会做出承诺，受害女性不必为收到的项目赔偿金交纳个人所得税。

赫恩女士，也持有这样的立场。我们项目实施委员会的理事会也完全能理解她们。可另一方面，村山首相在1995年已经指明，鉴于在日本很强势的自民党对此事的看法，未来几年内通过法律给予受害者赔偿是不现实的。村山首相认为，这件事"要么现在发生，要么永远不会发生"，所以他发起创建了"亚洲妇女基金"。

幸亏，是否接受项目赔款，荷兰受害者是可以自己选择的。因此我认为，"日本赔款基金会"的法律顾问的评论很不得体。用这样的评论，他极大地伤害了那些选择接受项目赔款的荷兰受害者。"日本赔款基金会"恰恰是维护在东南亚的二战受害者的利益的，特别是维护脆弱的女性群体的利益的，作为这个机构的法律顾问，他的这个评论会被认为很没有价值。

在闭幕式前几个星期，我写了一个详细的评估报告，把项目实施委员会在项目（为日军强迫卖淫的荷兰受害者建立的项目）实施过程中所做的工作，都一一做了汇报。这个评估报告事先已经寄给了"亚洲妇女基金"。在闭幕式上，我把这个详细的评估报告正式递交给了"亚洲妇女基金"的代表。还有一个概括的报告，只提及了一些重大事项，在闭幕式结束后，留给了新闻界。

我收到了一封来自村山富市先生和当时的日本外务大臣的感谢信，信由山口先生亲手转交给我，他们在信中对项目实施委员会的理事们和顾问们的辛勤工作表示了感谢，也对项目实施委员会圆满完成任务表示了感谢。

第十三章

给予日军强迫卖淫的受害者以国际支援

过去几年,世界各地都启动了各种援助原日本军队"慰安妇"的活动。其中,有一项美术展览活动被命名为"沉默50年",尽管活动的规模不大,却让很多人深受感动。

沉默50年

"沉默50年"这个项目(名称来源于扬·鲁夫-奥赫恩女士的同名书)是一个所谓的"艺术品装置项目",由妇女和平组织主办,该组织属于"国际和解联谊会"(IFOR)。日军强迫妇女卖淫这一问题能够受到总部设在日内瓦的联合国人权委员会和国际劳工组织的关注,"国际和解联谊会"起了决定性的作用。

亚洲妇女人权理事会(AWHRC)的事务所位于菲律宾首都马尼拉,在该组织举行的一次新闻发布会上,画家安德鲁·詹姆斯·沃德邂逅了奈丽娅·桑乔女士。桑乔女士是太平洋战争当中日军强迫妇女卖淫制度的菲律宾籍受害人女性代表。这些菲律宾女性们被人称为"罗拉"(菲律宾语中"老奶奶"的意思。),她们组织了一个名叫丽拉·菲律宾娜·罗拉的团体。在新闻发布会上,桑乔女士讲述了关于菲律宾籍"慰安妇"的种种经历,安德鲁被深深打动了。突然,一个想法涌上他的心头,他要用画笔画出那些女性的故事。安德鲁和瑞士人尤纳唐·西松一起,得到了"国际和解联谊会"的赞助,举办了这场名为"沉默50年"的展览活动。活动当中，两位主办者用画笔画出了那些受害者的双手，用录音机录下了她们讲述的话语，他们希望通过这种独特的手段，告诉世人那些受害人内心深处深深的悲凉。安德鲁在他的作品当中，勾勒出菲律宾、韩国和台湾等亚洲众多国家和地区的受害人的双手。她们亲口叙述的那些在日军"慰安所"的经历，则被尤纳唐录进了磁带。1998年年底，安德鲁和尤纳唐主动联系我，他们希望在这次展示会中也能加入几双荷兰人受害者的双手。因此，他们请我帮忙联络几名荷兰籍的受害者。于是，我带他们去拜访了提奈卡和埃伦等几位女性。

菲律宾的"罗拉"中，有人曾给安德鲁写了一封信，谈及安德鲁画中所绘的自己的那双手。她写道："我的手，揭示了我漫长人生的两面。那只伸展不开的手，象征着我深深的痛苦，在那漫长的岁月当中，连向我的家人都无法启齿的深深的伤痛。我总是感到恐惧，害怕世人，害怕连自己最亲近的家人也会接受不了自己、看不起自己。另一只张开的手上，有一道道皱纹，它代表了那些曾经帮助过我的人们，让我能够以一种向社会敞开自己的姿态继续生活下去。最后，因为他们的帮助，我所有的痛苦与不安冰释了。因此，这只张开的手，象征着我现在的人生。从现在开始，我要为自己的权利而战，再也没有理由允许我将自己偷偷地隐藏起来，我的人生会如同我的手一样，向世人展开。不仅是我的亲人，全世界的人都会看到我的样子。"[1]

1999年5月，在荷兰海牙的会议大厦举行了"呼吁和平"大会。很多国家和国际组织的代表出席了本届大会，这些国家和国际组织都在以自己的方式致力于世界和平。与会者当中有联合国秘书长科菲·安南、约旦王后努尔、南非大主教图图以及多位诺贝尔奖获得者。会议期间，安德鲁和尤纳唐用非常具有创造性的方法展示了女性手部的绘画和音像录音。在一面巨大的椭圆形有机玻璃墙壁上，镶嵌着一双双女性手部的绘画。玻璃墙壁内侧映射出不断变化着的强弱适度的光线，

---

[1] *Asian Women's News*, Vol. 5, May 1999, 14.

透过这道墙，人们还可以听到墙壁内侧发出的女性们的话音。我当时就在现场，感受到这个展览深深吸引了大会参加者的注意力。展览厅里鸦雀无声，人们站在那里，很投入地看着那些手的画像，屏住呼吸倾听着受害女性的谈话录音。

一年后，这个独一无二的展览也在（菲律宾）马尼拉展出。

与此同时，在国际社会，掀起了一场场对日本政府的声讨运动。要求日本政府对那些日军强迫卖淫的受害者们所经历的痛苦承担责任。下文当中，我想简单介绍一下其中的几个实例：

——关于日军性奴隶制度的妇女国际战争罪行法庭（简称妇女法庭或东京法庭）

1998年，亚洲的一些女权和人权组织，在一些非政府组织的支持下建立了一个法庭，为追究第二次世界大战期间日军强迫卖淫所犯下的反人道罪行和战争罪行，将裕仁天皇和数名战争领导人列为被告，进行审判。2000年12月，该法庭在东京第一次开庭。庭上，来自亚洲9个国家和地区的64名女性的证词被记录下来。这项审判受到了全世界的瞩目。一年后，该法庭在海牙的会议大厦（现在的世界论坛会议中心）继续庭审，在这里，他们把归纳总结的来自9个不同亚洲国家和地区以及来自荷兰的女性的指控和证词，向人们做了介绍。2001年12月4日，法庭做出判决，宣告裕仁天皇和数名战争领导人全体有罪，认定他们犯下了反人道罪和战争罪。[1]

会场上，我见到了扬·鲁夫-奥赫恩女士，我本来想和她谈谈。我向她作了自我介绍，告诉她我是日军强迫卖淫的荷兰受害者的保密顾问，也是项目实施委员会的主席，这个委员会负责日本的"亚洲妇女基金"为荷兰受害者设立的"生活改善项目"在荷兰的实施。但是，鲁夫女士一听到"亚洲妇女基金"的名字，就立刻强调，"我不想与这项基金有任何关系，也不想与您有任何关系"。说完就立刻转身而去，离开了会场。很遗憾，她没有给我机会告诉她，我完全理解和尊重她的立场，但是，我

---

1 Ruth Hopkins, 'TROOSTMEISJES KRIJGEN HVN RECHT', *Trouw*, 3 December 2001.

也理解那些愿意申请这个项目的受害女性。我还想告诉她，项目实施委员会自身完全保持中立，是否接受来自"亚洲妇女基金"的项目赔偿金，完全由当事人自己决定。没能和她交谈，我深感遗憾。她是一位非凡的女性，我很钦佩她和她的战斗精神，她始终不渝地坚持战斗着，不仅为她自己，也为所有和她有同样遭遇的女性，讨一个公道。

在法庭的走廊上，摄影师们都忙着拍摄来自菲律宾的三位罗拉和她们的领头人奈丽娅·桑乔夫人的镜头。奈丽娅与这三名女性一起接受了记者的采访。我和提奈卡刚好也在场听到了这场采访。拍摄结束后，我走近那位记者，告诉他们荷兰也有日军强迫卖淫制度的受害者，她们当中的一个人就站在我的旁边。那位男性记者说，他没有听说过德国军队曾经虐待过荷兰女性，把她们当做性奴隶对待过。他的话竟让我一时哑口无言，我告诉他："不是德国人。太平洋战争当中，很多在旧荷属东印度的荷兰女性曾经被日本军人威吓强迫卖淫。"他不能相信自己的耳朵，他不仅不知道荷兰女性曾经被迫充当日军的"慰安妇"，甚至连荷兰曾经拥有过旧荷属东印度殖民地这个事实都不曾知道。尽管这样，之后他还是对我和提奈卡进行了采访。

美国国会的听证会

扬·鲁夫-奥赫恩女士作为日军强迫卖淫的受害女性的代表，一直都活跃在国际社会。她是一个勇敢的斗士，对于声讨日本施加在她和其他无辜女性身上的罪恶行为，一直都在不懈地进行着斗争。2001年，她因在人权问题方面所作出的杰出贡献，获得了荷兰皇家勋章。教皇约翰·保罗二世也向她授予勋章。鲁夫女士是一名天主教徒，能够获得教皇亲手授予的勋章，对她来说是最高的奖赏。

2007年2月，鲁夫女士和两位与她同样遭受过日军蹂躏的韩国女性,李容洙女士和金君子女士,应邀出席美国国会特别听证会,对日本提出指控。这次听证会是根据一个代表加利福尼亚州的日裔参议员迈克尔·本田的提案召开的。2007年2月15日,全世界都对鲁夫女士和两位韩国女性在美国国会所作出的证言进行了电视报道,她们在日军"慰安所"的惨痛经历震惊了世人。

这之后,美国国会将要通过全体投票的方式,就日军强迫卖淫这一问题做出决议。非常奇怪的是,就在国会做出决议之前,当时的日本首相安倍晋三在媒体上高调宣称,没有证据证明二战期间有女性被强迫给日本军队当"慰安妇"。

安倍的言论激怒了当时的荷兰外务大臣马克西姆·费尔哈根,他召见了日本驻荷兰大使,要求他就日本政府关于二战期间所谓"慰安妇"的立场做出说明。前首相巴尔克嫩德也被安倍所发表的言论"不愉快地震惊了",因为"安倍首相的公开言论与1993年的'河野谈话'背道而驰,'河野谈话'承认日军强迫卖淫是存在的",巴尔克嫩德这样说。2007年3月底日本首相安倍晋三在巨大的国际压力下退缩,他宣布将沿袭之前的"河野谈话",并勉勉强强地道了歉。[1]

但是,2007年6月14日,《华盛顿邮报》又刊登了一篇题为《事实》的整版启事。在由44位日本学者、国会议员、新闻记者等联名签署的文章当中,又一次对日军强迫妇女卖淫的历史事实进行否定,并指出所谓五大"事实"[2],其中之一便是"这些女性是持有营业执照卖淫

---

[1] 安倍晋三先生于2012年12月第二次当选为日本首相。他就职后很快就于2012年12月29日宣称,他要划掉("河野谈话")1993年日本向"慰安妇"做出的道歉。鉴于来自全世界的很多愤怒反应,这位首相才弱化了一下他的词语,声称他要重新审视1993年的"河野谈话"。Bas kromhout, 'Excuses zijn nooit tijdelijk', *Historisch Nieuwsblad*, No. 4, 2013.
[2] 在启事中所罗列的五个"事实"是:(1)没找到任何历史文献证明,这些女性是被日本军队违背她们的意愿强迫成为娼妓的。(2)日本官方当时严正反对那些对女性做出的无人性的行为。(3)众所周知,有过这样的情况:一群荷兰女性被通过暴力强行带入"慰安所"工作,但是那个"慰安所"后来在军队的命令下关闭了,负责的军官也受到了惩罚。(4)"慰安妇"的证词在反日运动开始时被做了显要的更改,所以,这些证词是不可信的。(5)"慰安妇"并不是性奴,她们是在允许卖淫的制度下卖淫,允许卖淫在那个时代在全世界都是正常的。她们中的有些人挣得的收入比战地军官或军中将领的收入还高几倍。

的，她们中的有些人挣得的收入比战地军官或军中将领的收入还高"。这则充斥着谎言的启事立刻激怒了那些受害者和对受害者进行援助的人们。荷兰众议院原议长海露蒂·维阿柏特女士，在一封落款日期为2007年6月26日的信中，向她的同事、日本众议院议长传达了荷兰国会对此事的激愤之情。日本众议院议长给她的回信中阐明，自己的立场一直都与启事中所声明的那些内容保持着距离，回信日期为2007年11月7日。

2007年7月30日，美国国会通过了一个决议，要求日本正式道歉，并最终通过立法处理日军强迫妇女卖淫问题，但是，日本对此满不在乎。因为这项决议不具有法律约束性，所以它遭到了日本的完全无视。

国际特赦组织

2007年11月，为了结长期未能解决的日军强制卖淫问题，国际特赦组织着手进行了一项大规模的行动。他们安排三位曾经被迫充当"慰安妇"的女性，韩国人吉元玉、菲律宾人迈南·卡斯迪露、荷兰人埃伦·范德普鲁荷，巡访欧洲各国的议会，试图推动欧洲国家的议会，仿效美国国会的决议，也进行全体投票决议，以此敦促日本承认过去的事实，立法采取补偿措施，并以整个日本政府和议会的名义道歉。

2007年11月1日此项行动在荷兰海牙拉开了帷幕。她们三人首先拜访了荷兰人权大使阿鲁扬·汉布鲁佳。第二天，三位女性出席了在海牙新闻中心举行的新闻发布会。发布会结束以后，她们由国际特赦组织的人员带领来到海牙的中心广场，广场紧邻议会大厦，国际特赦组织将在议会大厦的前面提交给下院议员一份请愿书。此请愿书是由国际特赦组织与"日本赔款基金会""东印度归国者联盟"密切合作共同写成的。

这是一个11月份特有的薄云笼罩的日子，声援三位女性的众多支持者们不顾天气的寒冷纷纷涌向广场。广场上到处都站着手拿黄色雨伞的人。黄色象征着团结。国际特赦组织在广场的各处都贴上了"慰安妇"们的大幅照片，以及妇女们在全世界不同国家的日本大使馆前示威游行的照片，还有标有"抗议性奴隶制度"的游行标语牌和画着蝴蝶的宣传画。对于韩国的受害者们来说，蝴蝶象征着她们的人生。她们像孱弱的蝴蝶一样把自己在战争中的悲哀长久地隐藏在厚厚的茧子深处，如今垂垂老矣，终于可以破茧而出，展开双翅，向世人诉说自己的往事。

她们三人每人手中都握着一枝黄色的兰花，当她们的身影出现的时候，广场上立即响声四彻。人们自然地围着三位女士站成了一个大圈。国际特赦组织主席爱德华鲁特·那扎鲁斯基做了精彩的致辞。德玛勒（Guy Demarle）乐团的歌手埃伦斯特·扬茨演唱了一首非常动人的歌曲。这时，议员们从议会大厦出来走上了广场。第一个出来的是自民党议员汉斯·范巴伦，然后出现的是海路特·维鲁塔斯、哈里·范彭迈鲁、卡林·范海尼普。很快，在场的新闻工作者蜂拥而上，有的拿着照相机，有的拿着麦克风，将三位女士和议员们团团围住。

议员们向三位女性提出了很多问题，但是周围的人群密密麻麻，我根本听不到他们在说什么。突然，我听到了埃伦有力的声音，"我等待正义已经等了60多年了！"她声嘶力竭地呐喊着。爱德华鲁特·那扎鲁斯基在围观者的视线之外亲手将请愿书交给了汉斯·范巴伦议员。

随后，三位女性与国际特赦组织和"日本赔款基金会"的工作人员一起来到日本大使馆，但是他们没有能够被允许进入大使馆。于是国际特赦组织将公开信交到了大使馆的一位外交官手中。三位女性非常失望，她们之后还向位于特鲁德鲁斯维西的东印度纪念碑敬献了花圈。

一个星期以后，汉斯·范巴伦议员在下院的预算审议会议上，提交了一个关于这份请愿书的动议。这个"范巴伦动议"得到了下院议员的广泛支持，并最终得到政府采纳。[1]

在此之后的几个星期，国际特赦组织与三位女性一起，又拜访了比利时、德国、英国的议会，均得到了肯定的回应。国际特赦组织还促使欧盟以全体投票的方式做出了针对日本政府的决议。然而，和美国国会的决议一样，欧盟的决议也不具有法律效力，日本方面对此决议同样采取了无视态度。

同年，加拿大、澳大利亚、韩国以及中国台湾当局都做出了决议，要求日本政府对日本军队曾经实施的强迫妇女卖淫制度进行正式道歉，但是这些决议都没有能够取得令人满意的结果。

纪念碑

2010年10月23日，美国新泽西州帕利塞兹帕克市为日本军队性奴隶受害者建立了一座小型纪念碑。纪念碑由一块青铜板制成，青铜板背靠一块石头而立。青铜板上雕刻着艺术家史蒂夫·卡瓦罗的作品：一名士兵背过身去，胳膊伸向一个屈蹲抱膝的女子。士兵对着那名女子大声怒喝命令着什么。女子没有看士兵，只是用手臂抱紧膝盖保护着自己的身体，两人的身后雕刻着一轮"冉冉升起的太阳"。浮雕旁边有一段碑文："纪念20多万在1930年到1945年期间，被日本帝国军人们诱拐的被称为'慰安妇'的女性们。她们所遭受的对人权的侵犯，任何人都不应该视而不见，任其不被承认。让我们永远不要忘记那些违

---

1 "范巴伦动议"的要点是，强烈要求日本政府：
· 不再做任何与1993年的歉意表述相悖的声明，并对日本军队参与制度性强迫卖淫一事负全责。
· 做出一个举动，作为对"亚洲妇女基金"的"生活改善项目"的补充：对那些目前还在世的"慰安妇"们，为她们所遭受的苦难分别在道义上和金钱上提供一种赔偿。
· 推动促使日本政府在日本学校的所有教科书中，对日本在第二次世界大战中的所作所为做出一个真实可信的描述，包括"慰安妇"的遭遇。

反人性的恶行带给我们的恐怖惊骇。"

帕利塞兹帕克市共计有2万人口，其中一半是韩国裔。每天都有人在这个纪念碑前放鲜花也就不足为奇了，因为那些日军强迫妇女卖淫制度的受害者们大多数都是韩国（或朝鲜）人。

日本驻纽约领事馆也得知了关于这座纪念碑的情况。2012年5月1日，日本领事馆的几名职员来到新泽西州，出现在了市长詹姆斯·罗通多和第一副市长杰森·金面前，他们要求拆除这座纪念碑。日本领事馆人员试图强调他们要求的正当性，指出，由于日本军人参与的行为使数量众多的女性遭受痛苦这一点在1993年"河野谈话"中已经得到承认。他们还指出，包括小泉在内的前后几任日本内阁总理大臣已经对此道歉了。罗通多市长和韩国裔的金副市长，认为这个要求荒谬无理，断然拒绝。即使在代表团主动提出在纪念碑那块地上种一些樱桃树和向位于纪念碑后面的图书馆赠送图书之后，两位市长仍不予理睬。在此之后的几天，几名日本国会议员以同样的目的来游说市长。根据这些议员的说法，日本军人为这些女性提供的性服务支付了高额报酬。因此，他们主张，不能将这些女性认定为性奴隶，但是，这些议员最终未能如愿，只能徒劳而归。[1]

韩国首都首尔也竖立着一座纪念碑。那是一座青铜像，一个身穿韩国民族服装的少女，坐在椅子上面，左肩上有一只小鸟，铜像正对着日本驻韩国大使馆。2011年12月，为了纪念曾被日军强迫卖淫的韩国受害者们在日本大使馆前举行的第一千次示威，人们修建了这座纪念碑。1992年12月至今，已过去了20年。每逢周三，身穿黄色（象征着团结）小布罩衫的受害女性们都会聚集到这里，为她们曾经遭受的痛苦而发声，为她们向日本政府提出的要求（法律赔偿、承认、道歉）施加威力。

就在首尔郊外的光州市，有一个叫做"那奴姆之家"（意为"共享之家"）的地方。这座修建于1998年的建筑，不仅仅是一座以性奴制度

---

[1] "日本赔款基金会"的《新闻期刊》，2012年8月，第19页。

为中心主题的博物馆,还是韩国"慰安妇"幸存者们共同生活的家园。住在这里的女性均已年逾85岁,有人甚至已经年过九旬。她们喜欢被人称为"阿妈妮"。就像菲律宾曾经做过"慰安妇"的女性们喜欢被称为"罗拉"一样,"阿妈妮"在韩国语当中是称呼老年女性时使用的敬称。

直到今天,这些韩国的"阿妈妮们",每到星期三都会乘坐公共汽车来到首尔,她们以一种让人敬佩不已的顽强意志和坚持不懈的努力,来唤起国际社会的关注,关注1930年到1945年期间日军强迫妇女卖淫的事实,关注现在日本政府在这个问题上的态度。

立在首尔日本大使馆前的坐着的韩国女人的青铜纪念碑,让日本人非常头痛。日本曾试图购买这尊铜像并将其拆除,但最终只能徒劳无功。[1]

---

1 "日本赔款基金会"的《新闻期刊》,2012年8月,第19页。

第十四章

诺露切[1]的一生

---

[1] "诺露切"为化名。经当事人的儿子允许,我把她的经历在此公之于众。

2011年7月，阿纳姆市的布隆贝克博物馆的"东印度纪念中心"举办了一场摄影师兼历史学家扬·巴宁的"慰安妇"摄影展。在开幕式上，我朗读了《玛露塔的一生》。几天之后，我收到了一封邮件。一位参加了摄影展开幕式的男性通过邮件联系我，希望能够跟我聊一聊，说一些与我在影展上朗读的内容有关的事情。于是，我们见了面，他给我讲了他的母亲诺露切的故事。

诺露切是一位美丽的印荷混血姑娘。战前，她年纪轻轻地就嫁给了一个荷兰人，不久就生下了一个男孩。年轻而幸福的夫妇俩把家安在了苏腊巴亚市一处安静的街区。随着战争脚步的临近，诺露切的丈夫亨库也和其他所有身体健康的荷兰男性一样应征入伍，成为荷兰皇家陆军的一名军人。日军登陆爪哇岛后不久，荷兰军投降。亨库成了俘虏，被带到泰国，修建泰缅铁路。

诺露切带着年幼的儿子独自生活，她感到非常不安，于是变卖了值钱的家当，身带现金，投奔到母亲家。诺露切的母亲有一半的爪哇血统，居住在苏腊巴亚甘邦部落的母亲家。诺露切的未婚妹妹伊娜，此时也回到了母亲家。她们四人住在部落里，接受着母亲家的照顾，靠着七拼八凑的一点钱，艰难地维持着生计。

少女们的征用

　　1943年的一天，一辆卡车在部落前停了下来。一名日军校官带着几个士兵下了车。校官大声命令着，让部落里的所有女性立即集合。诺露切和伊娜推测到日本人寻找年轻女性的意图，她们两人一溜烟地逃回了家，和诺露切的儿子一起，三个人躲进了箱子里。此刻，日本兵正在部落到处找寻女性。当他们来到诺露切的母亲家时，住在她们家附近的一个人手指着诺露切母亲方向，告诉士兵"她有两个女儿"。校官怒斥道："你们全部出来，否则就惩罚你们！"诺露切和伊娜感到非常不安，她们觉得不该给母亲添麻烦，就从箱子里出来了。先是拽着年幼儿子的诺露切，随后伊娜也跟着走了出来。诺露切的母亲十分恐慌，就把伊娜拉到了前面，说道："这个女儿可以。另一个刚当上妈妈，她得照顾自己的孩子。""这个不行，太瘦！"校官盯着伊娜，一笑了之。接着他用佩刀指向诺露切："你！你上车！不上，就没命！"诺露切松开了儿子的手，战战兢兢地上了随时待发的卡车。车上还有其他几名部落姑娘，她们都在发抖。有人命令诺露切的母亲赶快收拾女儿的换洗衣物。过了一会儿，她的行李箱被扔进了卡车。

　　所有用这种方式征招的姑娘们都被运到苏腊巴亚军官住的旅馆，开始时在旅馆干些杂活。起初，她们也知道事情不可能这么简单，但她们还是祈祷：希望能够只是在食堂帮忙，给日本军官打打饭，在酒吧打打杂。可是，没过多久，她们就知道了，自己得给日本军人提供性服务。旅馆四周被严密监控，她们不可能逃出来。周围的一座大公园，一天到晚也被配备武装的卫兵把守着。

旅馆里的生活

　　在食堂干活并不算太糟。因为她们能够吃到给客人提供的美味菜肴的残羹剩饭。可是，从傍晚开始，她们就要在酒吧开始令人作呕的工作。日本兵让她们没完没了地斟酒，喝醉了就欺负她们，动手动脚，捏捏屁股，摸这儿摸那儿，越反抗越遭罪。校官们喝得烂醉是常有的事，一旦喝醉，那里就变成了地狱。他们对姑娘们进行怒斥、殴打，行为举止和野兽没有区别。他们把姑娘们拖到自己的房间，在这里，烂醉如泥的军官和与之反抗的女子之间就会上演恐怖的一幕。一天，诺露切因为违抗一名军官，惨遭这个军官的非人虐待。第二天，她把这件事上报给一名指挥官。指挥官让惹事的军官向诺露切道歉。之后，诺露切就再也没见过那名军官。姑娘们意识到做男人喜欢的事会讨巧，因为越早答应就会越早结束。

　　值得庆幸的是，有数名军官不仅对诺露切，对其他姑娘也都很友善。每当轮到这些军官时，他们进到房间后，会慢慢地脱掉衣服，把衣服整齐地搭在椅背上，把佩刀横放在椅子上，然后会去浴室洗干净身体。只有一点让诺露切很担心，就是那把指向床铺的佩刀。虽说这些男人在性交时的行为还算稳重，不过诺露切并不信任他们，所以她从未掉以轻心。而将佩刀横放在椅子上，刀口指向诺露切的这种仪式般的威慑行为，也让诺露切忐忑不安。

　　到战争快结束的时候，旅馆里来了许多年轻的士兵，他们在旅馆度过了最后一个夜晚。这些士兵就是神风特攻队员。[1]他们一踏进姑娘们的房间，就坐在床边号啕大哭起来。诺露切问他们："为什么这样哭？"听到的回答是："我们明天要去那里！去了那里就再也回不来了。是去死。"那些刚满或未满十八岁的青年，他们压根儿没有要去赴死的想法。"这些东西带走也没有用。"他们说着就把随身携带的现金、贵重物品、食物等分给了姑娘们。偶尔也有几个需要姑娘的，可大部分士兵都只是留在那儿睡觉。

解放

直到被英军解救之前，诺露切和其他姑娘都一直被关在旅馆里。她们是被英属尼泊尔廓尔喀雇佣兵解救出来的。当诺露切知道，自己可以逃离那所旅馆的时候，她立刻就朝着部落中自己家的方向跑去。她见到了母亲、儿子。在诺露切被抓走后，母亲一直照看着她的儿子。妹妹伊娜离开了母亲，没有人知道她住在哪里。因为当日军来猎寻姑娘时，母亲把伊娜交了出去，打那之后，母女间的感情就破裂了。

战后，诺露切和母亲、儿子一起被送到"印度尼西亚共和国营地"[2]。一直到1946年年底，她才和儿子回到荷兰。她本想带母亲一起

---

[1] "神风"起源于13世纪，那时，蒙古（中国元朝。——译者注）军队攻打日本，两次都被突发的海上风暴击退，是"神风"两次挽救了日本。"神风特攻队"是一个自杀式攻击的特别战斗队，由快速训练而成的年轻飞行员组成，他们的使命是驾驶飞机撞击敌方舰船，目的是损坏这些舰船，使之（暂时）丧失战斗力，退出战场。1944年夏，日军几次损失惨重，于是从1944年10月至1945年8月，启用了这种自杀式攻击。对民族主义和军国主义的日本来说，投降是不可想象的。人们会战斗到最后，直至死亡。这些"神风特攻队"的队员，大约有90%是18岁到24岁的青年。他们必须服从指挥，对他们来说，为祖国和天皇而牺牲是一种神圣的义务。在日本出版的各种载有这些年轻人的遗书的书籍。

[2] 日本投降后，英国军队占领了爪哇岛上的巴达维亚、茂物、万隆三角地带和港口。在爪哇岛上没有被英军占领的地区，刚解放的土著年轻人开始追杀东印度荷兰人和其他欧洲人，并抢夺他们的财产。这时，苏加诺发出命令，为这些人建造"共和国营地"（保护营）。

回去，可是母亲并不想离开印度尼西亚。回到荷兰以后，她得到了婆家人的照顾，并和失联多年的丈夫亨库重逢。亨库被充作劳工修建泰缅铁路，幸免于死。为寻找妻儿，他回到苏腊巴亚。当时因状况混乱，没有找到家人，他只好放弃寻找，于1946年5月回到荷兰。那时他父母就告诉他，收到了诺露切的来信，信上说她打算一有机会就返回荷兰。1946年11月，亨库和诺露切终于相拥在一起，但是，因为过于羞愧，诺露切并没有把发生在自己身上的事情告诉丈夫。

1947年1月，亨库为寻找诺露切的母亲和妹妹起身去了亚洲，可是诺露切并不知道妹妹的住址。日军投降后，旧荷属东印度的殖民地一片混乱，那里爆发了独立战争，有荷兰血统的印度尼西亚人都深感危险，躲了起来，看样子诺露切的母亲和妹妹也躲进了某个临时避难所。亨库开始了搜寻活动。以前的家只剩下一个空壳，最后，他终于找到了母女两人。在苏腊巴亚，伊娜将亨库妻子身上发生的事都讲给了他。伊娜是怎么讲的，诺露切从来都不知道。但是，当她听到妹妹把自己称为"日本人的娼妇"时，她猜测妹妹向亨库讲了一些与事实不相符的事情。

当亨库从旧荷属东印度回到荷兰后，他逼迫诺露切坦露自己的过去。亨库根本不相信也不愿相信诺露切是被迫在那家旅馆工作的。

他告诉妻子，他不相信妻子所做的所谓被关在旅馆里不得不任由日本兵欺凌的解释。亨库的人生仿若在一声巨响后坍塌，他开始沉湎于女色和酒精，经常连着几天不着家。

亨库和诺露切的婚姻生活变得一片混乱。亨库偶尔也需要与诺露切肌肤相亲，由此诺露切又怀孕了。然而，这样的日子只会持续很短的一段时间，接下来他就又开始指责战争中发生在诺露切身上的事，紧接着就是两人的激烈争吵。1947年到1953年，诺露切又生了五个孩子。这几年间她一直在亨库父母家生活，可亨库的父母只袒护儿子，对她很不好。诺露切从他父母身旁经过时，他们会在她经过的地板上吐口水，表示对她的轻蔑。他们还经常用言语攻击诺露切，骂她："你做的饭臭死了！你是个废物！简直不可信！"有时，他们只背对着她，不跟她说话，完全无视她的存在。她实在无法忍受这种待遇，也试着打听过能否找到其他住处，可是她得知，因为自己的肤色，在别处也会受到歧视。

诺露切陷入了绝望，她太需要救助了，以至于大喊大叫："帮帮我吧！"现金用光了，可她不能不养活几个孩子。丈夫又是连着几天没回家。在婆家，她和五个孩子挤在一间分给他们的12平方米的小屋里。只有大儿子从祖父母那里得到了一间自己的屋子。在12平方米大的屋子里，她必须完成一切家务：用煤油炉烧饭，用水桶洗衣服，自己和孩子们都只能用那只洗衣服的水桶洗澡。无穷无尽的、持续的紧张，让她终于变得神经质。她的精神已经绷到了极限。她的婚姻生活已经走到了尽头。她想住到别的地方去，白天她在外面转来转去，碰到了各种心怀不轨、不三不四的人，乘机揩她的油。最后，天主教教会向她伸出了援助之手。诺露切和她的孩子被乌尔苏拉修女收留。终于可以喘口气了，可是她的健康又出现了问题，有时要去疗养院住上三个月，这种时候，她只能把孩子留在教会。

1953年，亨库被派到新几内亚岛工作了一年。在此期间，他听到了其他男人提起的关于日本士兵强迫妇女卖淫的事情，他终于相信了妻子是被强迫的。当他明白这一点的时候，他开始后悔，这些年来他不应当把妻子当做仇敌。回到荷兰以后，他就尽快让一家人重新团聚了。那之后他们仍然有几年很艰难的日子，不过，直至亨库去世前，诺露切和亨库都一直生活在一起。亨库再也没有提起过妻子曾被强制卖淫的过去。即使妻子在争吵中指责他的一些过失，他也不提妻子的这件事。

战争期间发生在诺露切身上的事情，以及之后的事情都给其家人留下了深深的伤痛。不仅是亨库和诺露切，还有他们的孩子，那么幼小，却不得不多次目睹父母之间可怕的争吵，在这些争吵中受到伤害。而祖父母家里弥漫的憎恶和紧张的气氛无疑也伤害到了孩子们。在他们家里，他们之间的关系都很差，而他们每个人又不得不按照自己的方式来对待过往。这种家庭成员间严苛的相互关系，今后还会延续到他们的子孙身上，再让下一代倍受折磨。诺露切和妹妹伊娜之间永远都不会和好。

2003年在诺露切离开人世前三个星期（丈夫亨库早已经去世），她的儿子（后来将她的经历告诉我的那个人），终于鼓足勇气，向母亲提起了关于曾被强制卖淫的话题。"妈妈，因为战争中发生的事情，您被说得很难听。您能讲给我听听吗？"母亲用一种仿佛是松了一口气似的眼神看着他。不过，接下来母亲说道："可是，还是不讲了吧。讲了也许会带来厄运。"尽管这么说着，最终她还是向儿子讲述了自己的过去。

诺露切把一切都告诉了儿子，说完后，她用空洞的眼神盯住前方。因为她的叙述而深受震撼的儿子抱住母亲："您能告诉我，我很高兴。我决不会指责您。当时是没有其他办法啊！那种事向您袭来的时候，又有谁能够为您站出来呢？"

诺露切没有向项目实施委会提出申请。或许她从未看到过项目实施委会在各类报纸、杂志上登的启事。

第十五章

项目实施委员会的工作回顾

担任日军强迫妇女卖淫的荷兰受害者的保密顾问，是一项艰巨的任务，但同时也是一项让人感激的任务。因为我感觉到，倾听受害者的诉说，就已经对她们有所帮助了。与她们倾谈战争中的那些经历给她们之后的人生所带来的困苦，并表示对她们的境遇的理解，这两件事正是对她们中的一些人来说所需要的，然而，也是她们周围的人不能或不愿给她们的。有时这种状况的起因是不理解，或者缘于这样一个事实：她们最亲近的人根本就不知道"强迫卖淫"这一奇异现象。

在战后的最初几十年中，肯定就是这种情况。有一些女性，在向关爱自己的家人，向（后来的）配偶诉说了曾经发生在她们身上的厄运后，得到了家人和配偶温暖的理解，但是，还是有很多受害人遭受了家人和爱人的远离。她们有的被丈夫抛弃，有的被烙上"日本人的娼妇"的烙印。有些受害人的母亲，她们明明清楚地知道在女儿身上发生了什么，却向女儿宣称，不想听女儿谈论这些事情，"早点忘记这些事情，不要告诉你的爸爸"。这就是这些母亲给予她们受害女儿的忠告，甚至有些母亲因此转身离开她们。很多受害女性都本能地感到，应当对自己身上发生的事情缄口不语，因为她们怀着深深的羞耻感。

在某些情况之下，能够让她们最终敞开心扉，开口诉说过去的人，只剩下我一个。起初，她们在纸上诉说，她们将记录着自己过去经历的申请书寄给了对她们来说是完全陌生的一个人。也许向一个陌生人在纸上写出自己的经历，让受害者感觉不那么难。后来，在她们的明确要求下，我与她们中的几位见面交谈了。从她们的反应中，我能够感受到她们从中体味到的一种巨大的解脱感：终于遇到一个能够倾听自己讲述过去悲惨经历的人了。

有一些女性受害者被强暴之后怀了孕。她们当中的一些人做了人工流产手术。大多数情况下，接受了正规的流产手术的受害人，后来还能够继续怀孕生子，但是有两位女性，是由没有取得相应资格证的人为她们实施的手术，之后这两位女性终身不孕。她们自己认为，这就是没有资质的人实施手术的后果。

受害者女性中的大多数在战后都结了婚。很多女性，她们有幸嫁给了能够理解她们，并且在必要的时候一直都能给予她们支持的丈夫，她们组建了幸福的家庭，度过了美满的人生，但是，还有一些婚姻因为种种理由没有能够继续下去。有些女子，结婚后对性生活感到恐惧，而她们的丈夫却不能理解和容忍她们的这些恐惧。有一个女子被迫离婚，因为日本军人粗野的强暴使她的身体受到了严重伤害，导致无法怀孕，而她的丈夫站在一个男人的角度，无法接受这种没有孩子的婚姻。还有一个女子，她也因为被强暴而导致身体受到了严重损害。尽管在接受了多次妇科手术后，她终于得以成功怀孕，后来却生下了一个身体和认知方面都不健康的残障儿。虽然这位母亲后来的婚姻生活非常幸福，但是她认为，正是因为在日本军队的"慰安所"中，日本军人对她实施的多次强暴，她才生下了这个生来就残疾的孩子。

还有一些女子，她们被强暴后怀孕，却没有接受人工流产手术，而是生下了有一半日本血统的孩子。据我所知，她们有的独自一人，有的与后来的伴侣一起，都以应有的关爱养育孩子长大了。当然，也有一些荷兰女性或者是印荷混血女性，她们的孩子是与日本人真心相爱而生下的，任何战争都会有类似的事情发生。战争结束以后，很多荷兰人和荷印混血的人都回到了荷兰，因为他们在旧荷属东印度没有未来。他们当中，也有带着拥有一半日本血统的孩子回国的母亲，这些孩子或是由强奸生出的，或是由恋爱关系生出的。这些混血的孩子在荷兰生活得非常辛苦。周围的人都把他们视为从前的敌人的孩子，轻蔑地看待他们。[1]那些因母亲与日本人相爱结合而生下的孩子中，有一些曾试图通过"樱花基金会"和"日本－印尼后代联合会"（JIN）来帮助他们寻找父亲。前文当中，我提到过的那位不遗余力地帮助莉娅找孩子的内山先生，曾多次帮助这些孩子们寻找父亲。最后成功找到，帮助那些孩子与家中其他成员相认的例子不在少数，但是，另外那些因母亲被强奸而生下的混血孩子，他们当然不能，也不想去寻找自己的父亲。对于那些孩子们的母亲们来说，向他们的孩子揭开身世之谜该会是一件多么艰难的事情，而对于那些孩子们本身来说，得知了自己的来历也一定是相当痛苦的。

媒体

项目实施委员会在"生活改善项目"实施期间，因为援助对象是一些非常容易受到伤害的女性，所以一直尽量采取与新闻报道机构保持距离的方针。只在一个事件上引起了新闻媒体的很多关注，那就是我们写给日本皇后的保密信被泄漏了。幸好，在我的强烈要求之下，相关女性的真实姓名没有被泄漏出去。关于这一点，我要对荷兰新闻协会表示衷心的感谢。至于那个女儿以卑劣的手段骗走自己母亲赔偿金的事件，新闻报道中使用的也是化名。

1　常塔露·玛师克（Chantal Maschke）女士在2008年为"1945年8月15日纪念基金会"所作的纪念讲话中，讲述了日本－印尼混血后代的种种问题。

与"亚洲妇女基金"和日本大使馆的合作

项目实施委员会的职员和顾问们,一直都与"亚洲妇女基金"、海牙的日本大使及大使馆的职员们保持着友好的合作关系。在项目实施期间,在所难免地发生过很多问题,但不论在什么情况之下,双方都能够在互相尊重、互相协调的原则下解决问题。项目实施委员会认真调查了所有的申请材料,也切实地去尊重和关心申请材料背后的人。职员们在和那些女性受害者接触的时候,始终秉承冷静、耐心、理解、尊重、友好的工作态度,认真检索出对她们重要的信息,并仔仔细细地附上她们觉得必要的说明,及时快速地通知她们。另外,还随时受理回答她们提出的疑问。

结论

对于那些日军强迫妇女卖淫的受害者们来说,不论支付她们多少钱,都无法抵偿那些曾经施加在她们身上的伤害,但是荷兰项目实施委员会能够确定的是,"生活改善项目"的确在某些方面改善了这些人的生活。事后证明,对于受害者来说,能够收到日本首相桥本龙太郎写给荷兰首相考克的道歉信的复印件,是最重要的。通过这封道歉信,她们终于感觉到了一种承认。这封道歉信,能够在相当程度上使她们在领取项目赔偿金的时候感到些许轻松。我收到了很多受害女性的充满激情的来信,信中她们明确表示:这就是她们等待的道歉,曾经等待了半个多世纪,终于等到了。

关于所领取的"亚洲妇女基金"项目赔偿金（实际由日本政府出资），我收到过好几位受害女性的来信，信中她们表示，接受这笔基于道义原因而提供的支付金，她们感到很欣慰，恰恰是因为钱款是经由"亚洲妇女基金"支付的，尽管款项由日本政府筹措。日本民众和日本企业也曾向"亚洲妇女基金"捐过款，以此来表达他们诚挚的歉意，受害者们欣然接受了这一事实。一位受害者在信中这样写道："能够从'亚洲妇女基金'获得这笔款项，我感觉很好。因为这给我一种如此好的感觉，那就是：日本的普通民众们出于诚挚的歉意向这个基金会捐了款。"她意识到，如果要诉诸法律，直接从日本政府收到支付金，其可能性几乎为零。因为她知道，政府的支付必须依据法院的裁决才能够得到执行，而即使法院判决日本支付赔偿这一结果能够实现，从现在开始到法院正式判定的那一天，不知道还需要等多少年。

我还与日军强迫妇女卖淫的受害者中的很多人，保持着多年的联系，主要是通过电话，有时候是信件，偶尔也会用电子邮件。我与她们中的好几个人都建立了深厚的友情。"生活改善项目"结束后的最初几年，我仍然会接到很多女性寄给我的圣诞卡片和贺年片。但是随着时间的流逝，这些贺卡越来越少。

那些日军强迫妇女卖淫的受害者们，她们在青春年华所蒙受的伤害，给她们的一生都投下了长长的阴影。这些经历带给她们深深的痛苦，那是根本无法治愈的痛苦。这些女性不仅在肉体上，在精神上也被深深地损害，损害了她们作为一个人的尊严。不论她们多么想远远地抛开这些惨痛的过去，但噩梦与种种形式的不安和恐惧，仍然会一次次地向她们袭来。就像埃卢娜在诗中所写的那样，她们"永远都是被摧残的花朵"。

结语

父母与我

我曾经非常犹豫，是否应当将父母和我的经历撰写出来。这都是一些非常私人的经历，而且与本书的主题没有什么直接的关系，但是最终，还是有两个很重要的理由促使我将这段经历写了出来作为本书的一个部分。

关于第一个的原因，其实我在"导言"当中已经提到过。我曾经向埃卢娜和叶妮等几位女性提起，我小时候也曾经在日军强制集中营中生活，我非常了解战争中在集中营内外所发生的那些事情。听到了这些，她们才有勇气申请这项援助。让她们知道，倾听她们倾诉的保密顾问是一名志愿者，而并非只是一个不关心她们过去的、在某个机构工作的工作人员，也不是接受"亚洲妇女基金"任命的（在她们眼里更不好的）日本人，这一点对她们来说非常重要。我向她们坦言了自己的过去，这让她们最终还是申请了这项援助而没有感到那么为难。我总有一个感觉，那就是通过告诉她们我自己在战争中的经历，我帮助她们克服了心理上的障碍，事后她们对此很感激。

在战争期间及战争结束后不久，曾经有一些人有着非常不同寻常的、奇迹般的际遇。我想告诉大家的是，在那好不容易熬到战争结束的日子里，我的父母是在怎样的一种情形之下，奇迹般地互相找到对方的。这是我写出这段经历的第二个理由。

▲ 本书作者玛格丽特·哈默尔-毛努·德弗瓦德维勒女士

婚后的最初几年

我父母的婚姻非常幸福，他们曾经度过了多年幸福时光，两人相处了65年。1994年，在我父亲去世前的几周，他们还一起庆祝了结婚55周年纪念日。1939年，父母在苏腊巴亚结婚，而他们婚前曾经交往了10年之久。两人在荷兰海牙的斯海费宁恩海滩相识。那时候，父亲21岁，在荷兰莱顿大学学习东印度法律。母亲当时还是一个18岁的金发美女。大学毕业以后，为了自己和女友弗丽达（我的母亲）的未来，父亲来到旧荷属东印度。之后他作为东印度学的专家就职于苏腊巴亚的亦士公通银行。母亲于1937年也乘船来此，两人本来打算于1938年举行婚礼，但是银行方面让他们等一等。因为父亲每个月都要将自己收入的一部分寄给他的父母当生活费（祖父在1929年世界经济危机当中损失了所有财产），所以银行确定，父亲实际可支配的收入还不足以支撑婚姻生活，要再过一年才够，因此婚礼被推迟了一年。那时候银行有这个权力。

在此期间，母亲受到了未来婆母的妹妹，姨婆母阿尼·丝海露苔丝的亲切照顾。阿尼姨婆母非常善良，她没有结过婚，在苏腊巴亚的辛邦公园（Simpang Park）旁边拥有一所很大的房子，住着很多房客。母亲在她那里度过了一段非常开心的日子，并跟阿尼姨婆母学到了很多旧荷属东印度地区的生活习惯。阿尼姨婆母在当地雇用了原住民做佣人，她对这些佣人非常好，因而也受到了这些佣人们的爱戴，佣人们对我母亲也抱有好感。我现在还记得母亲经常提起的，一个名叫斯皮娜的厨娘的事情。斯皮娜每天都到市场上去买东西，然后回来烹调出丰盛的美食。母亲从她那里学会了地道东印度菜的做法，那一年，母亲还学会了马来语。父亲和母亲常常会去特莱泰斯的朋友家里度周末，就是埃卢娜和她的家人们曾经经常度周末的那片山区。

终于，父亲在1939年存够了他们结婚需要的费用，通过了银行的审查。8月15日，在这个日后意义重大的日子，父母幸福地举行了婚礼。

婚后最初的几年，父母在苏腊巴亚的邦卡大街找了一所房子，那里也曾经放着我的小摇篮。1941年9月，我在这所房子里呱呱坠地。可惜，我们在那里的幸福生活并没有持续多久。那一年的12月7日，日本突袭珍珠港的美国太平洋舰队。不久，父亲就接到了军队的征兵令，命令他到苏腊巴亚（梭罗）的荷兰皇家军队东印度军报到。那是1941年12月底，母亲把我放在草编的摇篮里，带着我送父亲去梭罗参军。

离别让他们两人非常痛苦。母亲的日记里记录了那个充满悲伤的时刻。动员令发出的最初几个月，父亲和母亲一直保持着通信往来，母亲通过邮局，或者请朋友帮忙，给父亲寄去了很多装满物品的包裹。但是，在日军爪哇登陆后不久，荷兰皇家军队投降，两人的通信和邮包也都中断了。母亲意识到，带着小婴儿住在邦卡大街已经不再安全了。

最后，母亲只得托朋友存放好贵重物品，然后带着我和一只叫泰利的小狗搬到了阿尼姨婆母的住处,后来我们又数次搬家,终于在达鲁莫大街的朋友家里安顿下来。那栋宅子的男主人还住在那里,没有被驱赶到集中营,所以母亲觉得那里相对安全一点儿。由于这位男主人所做的工作,日本人需要他,所以他没进集中营。但是,1943年9月,母亲和我还是不得不登记被投入了集中营。

在集中营的日子

9月30日,我们开始了在苏腊巴亚达鲁莫地区集中营的生活。这里的生活还凑合,因为吃的东西足够,也有一些行动自由。然而,同年10月28日,日本人让我们坐上一辆条件恶劣的火车,迁往其他地区,我们悲惨的战时生活开始了。车上被塞进了几百名妇女和儿童,十分拥挤。埃卢娜当时也坐在那列火车上。火车经常停车几个小时,在太阳的炙烤下,挤满了人的火车里,热得让人喘不过气来。他们不允许任何人下车。很多孩子都呕吐起来,大家不得不在车上大小便,空气中弥漫着恶臭,让人无法忍受。两天以后,火车终于到达了目的地——安巴拉瓦第四集中营(后来的第九集中营),位于爪哇中部的三宝垄附近。

这个集中营的生活非常艰苦,而且由于最低限度的饮食,饮水不足,卫生状况恶劣,医疗和药品极度缺乏而变得更艰苦。我们在这里一直待到1945年5月5日。在荷兰本土庆祝从纳粹解放出来的那一天,大部分被饥饿和疾病折磨得筋疲力尽、羸弱不堪的集中营营民,带着他们仅有的一点家当,走在通往下一个集中营——位于班育波鲁的第十一集中营的路上,他们需要步行五公里才能走到。我和母亲也在步行的队伍当中。班育波鲁的字面意思是"蔚蓝的湖水",因为它位于拉瓦派尼湖附近的一片湿地上。但是无论怎么说,那里的环境都绝不能称为健康。

我们在班育波鲁熬过了战时的最后四个月,这里的生活糟糕极了。很多妇女和孩子都因为营养不足和医药短缺而丢掉了性命。母亲的日记充满着绝望,满篇都是对我的担心和对我们正在遭受的饥饿的恐惧。1945年8月24日,终于传来了信息:日本在一周多以前已经投降,战争结束了!可是,这个时候我和母亲的健康情况都已经极为堪忧。

在安巴拉瓦和班育波鲁期间,母亲一直都不知道父亲的行踪,甚至不知道他是否还活着。后来我们才知道,父亲那时候也不知道我们的消息。日本军队,偶尔会通过红十字会,允许家人们往来通信,但是信只能写一行,而且必须用马来语书写。信件发出以后,很多时候都找不到收信人的住址,当时的邮政状况非常混乱,有时信件甚至会被故意扣押。这样的明信片式的信件,即使能够送达到收信人手中,大多也需要花费几个月之久。我的父母也曾接到过几封这样的明信片,但都是寄出八九个月后才收到,所以,关于当时对方是否还活着这一点都无法确认。

日记

战争期间,我的父母一直都在以给对方写信的方式写日记。当然,后来他们也都曾相互谈论过各自的体验。尽管这样,他们还是用这种强烈的表达方式,将他们各自所经历的那些悲哀和惨况连缀成文,表达着他们当时的感受。我可以从这些日记当中读到一种绝望,那些饥饿与痛苦,疾病与侮辱,对对方命运的担忧,不知道战争何时能够结束的焦躁,不知道他们和我是否还能够活下去的不安。我可以从这些日记当中读到,他们当时有多么痛苦。那些混乱的状态,令人无法捉摸的日本人,太阳炙烤下持续几个小时的点名,被迫用日语点名报数、被迫鞠躬行礼，因为一点芝麻大的小事遭受到的严酷惩罚，卫生条件恶劣的集中营，食物、饮水、药品的不足，塞满东西的弥漫着臭气的小屋……每天都会有几具皮包骨头的尸体被两三架铺着床单的竹编担架抬出去，然后挖个浅坑埋掉。这些记载我都可以从他们俩的日记中读到。

母亲的日记中还记录了集中营里的10岁及10岁以上的男孩子们被带走的那一天的情形。没有人知道那些孩子会被带到哪里，她记下了那些孩子母亲们的绝望与悲哀。根据日本人的说法，孩子长到10岁就不是儿童了，他们应当被带到青年集中营去。青年集中营里也关着老年男人和一些病重临死的男人。而那些人死去以后，需要有人将他们的遗体搬出去埋掉，而这些任务就落在了这些可怜的男孩子们的身上。

1944年2月的一天，安巴拉瓦的妇孺集中营里，又有几个年轻漂亮的女孩子被半诱骗半强制地带走了。（后来我们得知，其他集中营也发生了同样的事情，那之前就有集中营以外的女孩子被掳走了。）日本人花言巧语地告诉人们，那些女孩子将被带到烟草公司干活，在那里还能吃到美味的食物。其实根本就不是那么回事！那些被骗的女孩子都被直接送进了"慰安所"，被日本军官和士兵强迫卖淫。（埃卢娜就是那些女孩子们中的一个。）她们的母亲没有被告知真相，但她们也能惶恐不安地猜测到，女儿身上很可能正在发生着什么可怕的事情。

惊人的好消息

1945年8月15日，日本终于宣布无条件投降，战争结束了。这个令人振奋的事实8月24日才在各个集中营中传扬，所以班育波鲁的集中营也接到了这个好消息。母亲决定尽早带我出发去三宝垄。这时候，有很多武装起来的年轻的印度尼西亚"自由斗士"（民兵），拿着长长的竹枪，他们见到白人就杀。我们也不得不为这场长途汽车之旅赌上了自己的性命，幸好，我们没出事。

到三宝垄后，我们住在阿尼姨婆母的妹妹布鲁鲁姨婆母的家。她也幸免被关进集中营。有一天，附近传来了凄厉的枪声。一阵敲门声传来，我们出去探看情况，一个负重伤的年轻的印度尼西亚民兵被抬了进来。布鲁鲁姨婆母不愿意照顾那个受伤的年轻人，就让他躺在了母亲寝室的地板上。我那时刚刚睡醒午觉，指着那个可怜的年轻人问："妈妈，这个人要死了吗？"对我来说，这是一个非常平常的问题。尽管我只有4岁，但是已经在集中营目睹过好几个人的死去。母亲认真地为他处理了伤口，血止住以后，他的同伴们诚恳地向母亲道了谢，然后就带着那个年轻人离开了。

布鲁鲁姨婆母被这血腥的事情弄得惊慌失措，她用仅有的一点冷静，打开收音机收听最新消息。收音机里流淌着不知道曲名的音乐，音乐演奏完以后，传来了播音员的声音："这里是新加坡广播电台，刚才为大家播放的是钢琴演奏家德文钦泰、长笛演奏家查理·毛努·德弗瓦德维勒（低音提琴演奏家某某先生）演奏的三重奏。"天哪！这是一则多么让人振奋的新闻！"这是我丈夫查理，他在新加坡！"母亲发出欢呼。随后母亲立刻写信给新加坡广播电台，但她接到的却是叔父查理·毛努·德弗瓦德维勒的回信。信中他告诉母亲，收音机中所听到的乐曲并非由她丈夫查理，而是由叔父查理演奏的。查理叔父从荷兰来参加战斗（荷兰镇压印尼独立运动的战斗），同很多与他相同的志愿者一样，被困在了新加坡，他们不允许外出，他们都受到了红十字会的关照。查理叔父知道父亲还活着，就在泰国的某个地方。父亲一直都被分配在泰缅铁路干活。叔父建议母亲申请家庭团聚，那样她就必须前往父亲可能所在的战俘集中营。尽管母亲非常不愿意，但是怀着与丈夫重逢的希望，她不得不为此再一次带我住进了集中营。

团聚

此后不久，我们被允许乘坐轮船前往曼谷。在短暂的航行之后，我们乘坐的轮船停靠在曼谷的港口停靠所。在那里，我们又换乘小船，被送上码头。直到今天，我还记得那艘小船，上面挤满了妇女和儿童。我只看到一名男性，还是个高大的黑人。我问妈妈："这个人就是我爸爸吗？"父亲长什么样，我一无所知。在集中营的时候，尽管每天晚上睡觉之前，我都会对着一张小小的照片说一声"晚安"，但是对于还是孩子的我来说，并没有关于父亲的清晰印象。在此之前，我见过的男性要么是日本人，要么就是印度尼西亚人。所以，即使有人告诉我说，那个黑人就是我父亲，我也丝毫不会感到奇怪。

登上陆地以后，那些为家庭团聚而来的妇女和儿童，应该被收入位于曼谷郊外几公里的一个特殊的集中营。可是，母亲觉得，丈夫一定在相反方向的那个战俘营里。于是，大胆的母亲脱离群体，自作主张，带我一起钻进一辆运送马草的大车，奔向父亲可能所在的那个战俘营。母亲带着我一到那里，整个男子集中营都兴奋起来，他们朝"一个金发女人和一个金发女孩儿"欢呼着。父亲一下就看到了我们母女，那就是他的弗丽达、他的玛格丽特。那是一场怎样的重逢啊！

战俘营的所长非常慈祥，他破例分给我父母一间小屋。在那愉快的日子里，集中营的叔叔们都对我非常宠爱。他们送给我很多他们自己做的礼物，其中有一个做成兔子形状的小木盒子（我至今还珍藏着）。我甚至得到了一对活的小鸭子，我很害怕，因为在此之前我从来都没有见过鸭子。后来，集中营里又来了一些带着孩子的妇女，最后我们不得不搬到其他地方去。我们是和父亲一起搬去的。

那时候，从曼谷撤回荷兰的人非常多。尽管父亲没有吹长笛，但他还是在乐队里担任吉他演奏。为了给大家表演，提供一个可以娱乐的地方，父亲和乐团的其他成员及其家人不得不滞留到最后。当时我的身体非常虚弱，还没有恢复到能够应付海上旅行的体力。因为我得了肺炎，在曼谷的医院里住了很长时间。总算有一天，我被允许住进船上的病房，我们一家终于登上了开往荷兰的"拉乌斯号"。[1]

回到荷兰

1946年8月13日，"拉乌斯号"抵达阿姆斯特丹。船上的乘客都被大巴车运送到事先定好的目的地。我们要去阿培尔顿。祖母毛努住在那里（祖父已经在战争期间去世），她的房子将接纳从战争中返回荷兰的、一贫如洗的儿子一家。阿培尔顿是距离阿姆斯特丹最远的城市，我们是大巴车的最后一批旅客，半夜才到达那里。祖母终于见到了自己的儿子、怀有身孕的儿媳及其大孙女，她真是百感交集。

因为这场战争，父母对日本人产生了强烈的憎恶之情，这种憎恶之情一直未曾消退。特别是父亲，他本是一个非常稳重、敦厚、善良之人。他不知道该如何发泄对日本人的愤恨，但他不能宽恕日本人对自己的妻子和女儿所做的一切。母亲则对战争采取了另外一种态度，她不愿跟战争中所发生的事情再有任何瓜葛，她口中也从来不提及跟战争有关的任何事情。她把自己的情绪深深藏在了内心深处，从来都不看战争电影。她变得寡言少语，深沉内敛。父亲也从来都不愿提及战争中的悲惨经历，只是有时候会当做笑话偶尔漏出那个战俘营的只言片语，并经常会流露出他们对日本人的蔑视之情。比如说，"有一天，在那个战俘营里，发生了一件让日本人感到不快的事情。所有人都被

---

[1] "拉乌斯号"（Ruys）常常被错当成"威廉·拉乌斯号"（Willem Ruys），其实"威廉·拉乌斯号"是在那之后很久才有的。

命令整队肃立，日本军官气得发疯，他站在木头台子上，用日语进行了一番长长的训话。他们从肃立的队列中随便拉出一名男子让他充当翻译，可是那名男子对于日本人说的话一句也听不懂，又不能什么也不说。于是，以下的翻译就从他嘴里飞迸出来，'各位，你们都听到了这个日本军官这一串长长的训话，我什么也没听懂。但是，如果你问我，我就这样简短地翻译：他说，他的"那个东西"耷拉在左边呢。'在场的男人们当然不可以捧腹大笑，真是奇迹中的奇迹，大家居然都憋住了笑声。奇怪的是，日本军官也认可了这个简短的'翻译'"。

冷冰冰的迎接

1947年1月5日，我弟弟查尔斯出生了。在战后的荷兰，父亲所拥有的东印度学方面的知识，并不能带给他一份工作。他不知从什么地方听说，牙医数量不足，于是他就决定去乌德勒支学习牙医知识。他没有能够拿到荷兰政府颁发的奖学金，甚至连无息贷款也没能得到。他从一个叫斯帕伊库曼的人那里得到了一个参加短期课程的机会。此人为几个从东印度回来的不名一文的人开设了短期牙科课程，他答应这几个人，可以先欠着学习费用，等到这些人取得牙医资格开业后再返还给他。

父亲一生都对此人感恩戴德。他从几个朋友那里借了点钱，勉强维持一家人的生活。两年零九个月之后，父亲终于毕业，随即他到海牙见习了一段时间，然后在鹿特丹开业行医。父母在那里开始了新的生活，父亲的牙医事业非常成功，不久他就还清了欠斯帕伊库曼先生的学费，还清了为维持家计而从朋友那里借的所有欠款。我和弟弟在鹿特丹快乐地长大。高中毕业以后，我们都考上了大学，弟弟学习牙医，而我攻读法律。

海牙

大学毕业以后，我结了婚，在海牙组建了家庭。在此期间父母也来到海牙，住在离儿孙们不远的地方。父母所住的街区，有很多他们曾在旧荷属东印度认识的熟人。每个星期六，父亲都会去一家名叫德珀斯特豪恩（de Posthoorn）的酒馆，和老朋友一起边喝酒边尽情谈论往昔的经历。

在此期间，父亲还为东印度战争受害者们竭尽全力地贡献着自己的力量，不仅为自己的家庭，也为了因为日本人的所作所为而失去一切的其他战争受害者，他们要求日本政府对此进行赔偿。父母和我都很幸运，从那场战争中幸存了下来，但是还有很多人，曾在那场战争中失去了自己最心爱的人。

父亲（在幕后）与工程师阿德·乌拉依布鲁夫、鲁德·文海莱卢、加凯·文海莱卢、斯多克－普拉克夫妇一起，发起创建了"荷兰道义补偿基金会"。这个基金会后来发展成为"日本赔款基金会"。

海牙的老年生活，让父母感到非常幸福，两人对我和弟弟的孩子都非常宠爱，很享受与儿孙在一起的天伦之乐。他们似乎将战争中的痛苦经历都抛到了脑后。特别是母亲，根本不想再听到那个时候的事情。除了照顾孙子，她最大的乐趣就是忙于家中庭院的修剪工作。但是，父亲却一直都在与那些从东印度回来的人们往来，他没有办法无视那些与朋友们往来的过程中所听到和体验的事情。一直到生命的最后，父亲都对所谓的"事后补偿支付"[1]项目感到气愤。

1994年，父亲去世。两年后的1996年，母亲也追随他而去。他们分别享年86岁、85岁。

---

[1] "事后补偿支付"的含义是：（东印度）政府工作人员的逾期未付的工资和荷兰皇家军队东印度军军人的逾期未付的军饷，在战后应该由荷兰政府向权利人偿付。在日本占领期间，前荷属东印度的政府工作人员没有收到任何工资；荷兰皇家军队东印度军的军人成为战俘期间也没有收到任何军饷。可这些人却失去了他们在前荷属东印度建立起来的一切。他们的银行存款没了，他们的房子、家具和其他贵重物品都没了。大多数人还算幸运，他们的家人都安然无恙，熬过了战争，可是有一部分人却很不幸。回到荷兰以后，起初人们还以为，他们的逾期未付的工资或逾期未付的军饷，荷兰政府会偿付给他们。可是，没有！关于此事的诉讼也没什么帮助，诉讼得到的结果是：人们必须向现在的印度尼西亚提出这项权利要求，结局就是这样。"事后补偿支付"问题一直拖到今天也未得到解决。

附录

附录1

"慰安妇"一词从日文到英文的逐字翻译[1]

Troostmeisjes Japans: jugun ianfu

Kanji	chin. klank/jap.woord	betekenis Engels
従	ju	obey, yield, follow
軍	gun	army
慰	i/nagusame	comfort, pastime
安	an/yasui	peace of mind
婦	fu	wife, woman

---

1 Bron: DRS. PAULINE VAN TETS.

"慰安妇"　　　　　日语发音：jugun ianfu

汉字	日语发音	英文意思
从	ju	服从，屈服，遵从
军	gun	军队
慰	i/nagusame	安慰，消遣
安	an/yasui	精神上的安宁
妇	fu	妻子，女人

附录2

一个目击证人的回忆
1943年梭罗妇女集中营的反抗

为什么我现在把这件事写出来？

已经66年了！因为我曾经需要很长时间才能把这个不能忘记的悲惨事件放下。那时我和弟弟还跟随着母亲，两个姐姐一个16岁，一个18岁，我们住在爪哇岛中部梭罗的妇女集中营（一个医院的旧址）里。再者，因为我们将永远怀念我们在那时失去的亲爱的营友们，直到我们自己已不在人世。

在当时的军管制度下，日本军人到我们集中营来抓女孩子（把她们抓去当充当"慰安妇"），可是他们没有得逞。我的两个姐姐也应该在这个行列中。她们在几个星期前就已经知道了，可是她们也没办法应对。

在一个年轻的女医生恩格斯（Engels）的指导下，30个姑娘把自己弄得很脏、很累，还带着伤。她们看上去很难看，身体散发着臭气，老远都能闻到。头发已经剪短，好多天没洗，裙子又脏又破。她们身上缠着用红辣酱和西红柿汁涂抹的绷带，她们学会了斜着眼睛看人，瘸着腿走路。时不时地还有人对这种带着臭味的乔装打扮笑一下，可是，在姑娘们和她们的妈妈的心里却藏着深深的恐惧和忧愁，因为没人知道日本人现在到底要干什么。有一件事是清楚的，就是如果日本人挑选了她们，她们就会被带走。是啊！去医院工作，去读书，还有更多美好的许诺，可是在那背后却是深深的不确定和静静的忧愁。女孩子们必须出来集合，这一天正在逼近！由于痛苦、恐惧和虚弱无力，好几个姑娘真的病倒了。她们呕吐、哭泣。当时我在脑海中仿佛看见我的两个姐姐已经站在那里。将会发生什么呢？

他们来了

来了五名日本高级军官，他们穿着带有金色军衔标志的高级军服，戴着高帽，佩着日本帝国的武士刀，穿着锃亮的高筒大皮靴。他们站在医院的楼梯平台上，我们集中营的住所是原来的一所医院。

集中营里的每一个人都必须到场，大约有1800名妇女和儿童，站在医院前的空地上已经等了一个小时了。现场鸦雀无声，我10岁的弟弟坐在地上玩沙子，我母亲轻轻地啜泣。

首先有一个很长的日语讲话，一个爪哇人当翻译，翻译成马来语，大意是"仁慈的、神圣的、亲爱的"日本裕仁天皇已经恩准，这个妇女集中营的30个姑娘，可以自由地去日本留学或接受护理培训，然后到多家不同的医院去当护士。

在楼梯平台前给姑娘们留出了一大块空地，姑娘们应该排成长队站在那里。在我们看不见的某个地方，姑娘们已经准备好了，可是，她们并没有来。

事件发生了

日本军官变得烦躁不安，大发雷霆，他们呼叫集中营的负责人斯密特（Smit）女士到前面去。过了一会儿，那个女医生恩格斯，也是集中营里唯一的医生，是她把姑娘们"准备"好的，她和集中营负责人一起走上了楼梯平台。当被问到姑娘们在哪儿时，集中营负责人对着翻译用马来语说，姑娘们年纪太小，还不能离开集中营。恩格斯医生接着说，姑娘们还病着，太虚弱，因为集中营里食物不够。她还补充说，姑娘们不能离开，因为她们还得照顾生病的母亲和更小的弟弟妹妹。

这时，一个日本军官直接就扇了恩格斯医生一个耳光，她差点就摔倒在地。这时，日本军官又用带鞘的武士刀猛击她，她趁机抓住那"神圣"的军刀，拼尽全力想从军官手中拔出军刀，最后她紧抓着军刀仰面倒在地上。

我们都明白这可能意味着什么。

对日本人来说，这可是死罪呀！因为"神圣"的武士刀是不可以被别人触碰的，特别是女人，绝对不可以。

这时，所有的日本军官都爆发行动了，他们粗暴地殴打、踩踏恩格斯医生，直到她一动不动、血肉模糊。然后，他们把她拖到楼梯平台后的楼道里。我们听到她还挣扎着叫了几声，然后就没声了。

恩格斯医生熬过了几天，可是，由于伤势太重，最后还是死去了。她是一个勇士，她敢于对日本人说"不"，她的死挽救了集中营里的30名荷兰姑娘。

在场的所有妇女和儿童都惊慌失措地跑开了，有的回到自己的房间，有的跑到木板屋，他们对接下来又会发生什么感到很恐惧，很绝望。

这之后，日本军官们坐上早已准备好的汽车离开了，他们根本就没看见姑娘们。

我们因此也受到了惩罚。事件发生当天我们没有饭吃，另外，有200名10岁以上的男孩子在之后的那个星期都必须搬出那个集中营。在我的记忆中，除此之外，没有别的报复行为。男孩子们被运到了100公里之外的青年集中营——安巴拉瓦第七集中营。我永远都不能忘记，当我从梭罗出发时，我母亲还对我说："你要好好照顾弟弟呀！"那时他才10岁。这个安巴拉瓦第七集中营后来被称作"死亡集中营"。

哈里·塞申克·克莱（Harry Sesink Clee）
写于2009年

附录3

G.J. 鲍勃·舒特马克先生的报告[1]

日军的搜捕

日军常常会来到集中营，以威胁的手段向集中营的领导机构索要年轻姑娘，要她们为日军工作。有一天，又来了几个日本人索要姑娘，说是"做办公室的工作"。两位当时还在妇女集中营的教会修士（他们是集中营的领导成员）只好把15岁到25岁的所有姑娘都召集到教堂广场来。

在此期间，很多妇女都自动聚集在教堂广场，拄着拐棍的老妇人也来了，她们想在需要时能呵护和保卫姑娘们。马尔提（Marty）的姐姐比他大两岁，她就是这些年轻姑娘的一员。大家都知道，日本人要挑最漂亮的姑娘。当日本人靠近马尔提的姐姐的时候，她故意装成嘴斜眼歪的样子，像个残障人，所以她没被选中，而那些被选中的姑娘必须站成一排，等着登记。这时"挡上，挡上"的叫喊声已经在围观者中间传播开来（"挡上"是集中营暗语，意思是围着姑娘们形成一个保护圈）。于是，众人齐力推挤，越挤越乱，趁机把姑娘们一个一个地挤出她们站的行列，挤进人群。日本人没注意到，直到一个看守过来警告，他们才反应过来。可是，太晚了，姑娘们都消失了。日本人只看到一群妇女愤怒威严的面孔。他们只能空手而归。

---

[1] Bob Schuitemaker, Jeugd achter prikkeldraad, uitgegeven in eigen beheer, 3ᵉ druk, May 1988. 该书记录了很多老人的回忆，这些人青少年时期在巴东和西苏门答腊邦金朗（Bangkinan）经历了日军的集中营生活。

漂亮姑娘

在德不依（De Boei）[1]集中营，也曾有日本人来找姑娘。这次来了一帮人，而且是突然袭击，集中营的领导机构没办法警告姑娘们。

当时，所有的姑娘都被召集来，站在水井旁边，马尔提的姐姐机敏地缩着身子，像小孩子一样，在人群的腿缝之间爬了出来。她跑回自己的住处，有人把她卷在席子里，她就裹着席子站着不动，直到危险消失。

其他的姑娘们则被驱使上了早已准备好的大巴车，格蕾丝（Greace）就在其中。母亲们很担忧，可是她们什么也做不了，当时那些母亲们脸上的表情让人难以忘记。妇女们在集中营里从未表现出自己有低人一等的感觉，可是那时她们再也掩藏不住了。在她们的再三请求下，最后集中营的领导机构被允许派汉娜杜斯和豪乐两位女士[2]随姑娘们同去。

大巴车把姑娘们带到了巴东的 AMVJ 大楼，她们分组住进了整洁的大房间。这里房间宽敞，食物充足。格蕾丝很享受这种改善。每天都有一个土著的胖子和一帮日本人过来，问她们："你们想干什么，回到集中营去还是为我们工作？不是为士兵，而是为军官工作啊。"

随她们同来的集中营领导机构的两位女士一到这里就对她们说："姑娘们，无论你们怎么决定，我们都不会指责任何人、任何事。你们还很年轻，有权利生活得更好。我们不能给你们任何保证，也不能为你们提供更好的东西。在德不依集中营，厕所不卫生，你有很大的风险会感染痢疾或其他传染病，你也可能会遭受饥饿而身体浮肿，你生命的未来发展不可预料。"

这段话睿智、宽容、有分寸，格蕾丝永远都不会忘记。每次回忆起来她都很激动，她很钦佩集中营领导机构在那个时刻以及整个集中

---

1 De Boei 意思是"镣铐"，它是巴东的一座监狱的名字，此监狱为容纳600名左右犯人而建，但是在1943年10月到12月间，将近2350名妇女和儿童被集中囚禁在这里。（J. van Dulm, W.J. Krijgsveld, H.J. Ledemaate, H.A.M. Liesker, G. Weijers, *Geillustreerde Atlas Van De Japanese Kampen In Nederlands-Indie, 1942–1945*, 2000, deel 1, p.63.）

2 汉娜杜斯（T.E.L. Hanedoes Halfhide）女士和豪乐（H.C.A. Holle-van Erp）女士是德不依集中营的欧洲领导成员。

营生活阶段对她们的教育。她们学到了：没有人能够永远不犯错误！

这些姑娘当中有一个后来自愿跟日本人走了。她一定是感觉自己非常非常孤独，而且非常非常憎恨集中营的生活状况，才做出这样的决定的！

一天早上，集合令来了，姑娘们必须坐进大巴车。方向盘后面坐着一个英印混血的司机，他只听两个日本人的命令。在豪乐女士（坐着）和司机中间，站着一个日本人，另一个日本人出于战略考虑坐在大巴车的后边。汉娜杜斯女士也坐在后边。美国传教士霍索恩（Hawthorn）夫人就坐在司机后边，格蕾丝坐在她对面。突然，她大声说道："姑娘们，不论发生什么，我都不离开你们，哪怕结局是悲惨的。"很久以后格蕾丝才真正明白她是多么有爱心。

豪乐女士注意到大巴车已经驶出了巴东城，她让司机停车，可是，司机装得像聋子一样。这时，豪乐女士叫喊道："姑娘们，如果我给你们信号，你们就推开车窗，大声呼救。"在这样约定好的信号下，姑娘们就照做了。其中一个叫艾丽的姑娘把头伸出窗外，还用巴东土语叫喊"救命啊！救命啊！他们要杀了我们！"同时还用手抵着咽喉做切割的动作。尽管当时形势很严峻，可是这个夸张的呼救举动使格蕾丝禁不住要笑。艾丽可真是干这事儿的能手。

就在此时，豪乐女士把手伸向了手刹，可是日本人却抓住了她的手腕。他们就这样互相对峙，僵持了好几分钟，真的好像是没有尽头的几分钟啊！这时坐在近处的格蕾丝也抓挠、击打那个日本人。

那个日本人看着豪乐女士，说："你这是要造反啊！"然后他命令司机返回，也放开了豪乐女士的手腕。这时，豪乐女士以高度的机智叮嘱姑娘们保持安静，不要说话，也不要笑。大巴车继续行驶，按照原来的许诺，她们来到了日本军事警察的办公楼。在那里她们得到了庄重的保证：这样企图劫持的行为是不允许发生的。那之后，她们又被带回了AMVJ大楼。第二天，她们在一片欢呼声中回到了德不依集中营，那里的人们真是为姑娘们捏了一把汗啊！

附录4

1993年的"河野谈话"

日本政府自1991年12月起一直在进行一项关于战争期间"慰安妇"问题的研究。我愿意在此公布这项研究的结果。

研究结果表明，在很广泛的地区、很长的时段里都曾有"慰安所"在运营，显然，很大数量的"慰安妇"也曾经存在。"慰安所"是在当时的军事当局的要求下运营的。当时的日本军队直接或间接地参与了"慰安所"的建立和经营，以及"慰安妇"的运送。"慰安妇"的征招主要是由私营的征招者进行的，而这些征招者是应军队的要求而做的。政府的这项研究已表明：在很多案例中，她们是通过哄骗、强迫等手段并违背她们本人的意愿被征招的；有时，行政或军事人员直接参加征招活动。在强制气氛笼罩下的"慰安所"里，她们过的是悲惨的生活。

至于这些被运送到战争地区的"慰安妇"的原属地，除去来自日本的"慰安妇"，来自朝鲜半岛的占了一大部分。朝鲜半岛那时是在日本统治下，她们的征招、运送、控制等，普遍都是违背她们本人的意愿，通过哄骗、强迫等手段进行的。

不可否认，这种行为严重伤害了很多女性的名誉和尊严，而当时的军事当局参与了这种行为。日本政府愿意借此机会再一次向所有受害者致以真诚的歉意和深深的悔意，不管她们的原住地是哪里，作为"慰安妇"，她们遭受了不可估量的痛苦和无法医治的生理、心理创伤。

我们怎样才能最好地表达这种思想感情，日本政府要继续认真思考，同时也倾听学术界的看法。这是日本政府义不容辞的责任。

我们应该公正地面对上述历史事实，真心从历史中吸取教训，而不是逃避。在此，我们重申我们的坚定决心：通过学习和教授历史，将此事永远铭刻在记忆中，永不再犯同样的错误。

鉴于已经有人向日本法院提起了诉讼，国际社会也表现出了对这个问题的兴趣，日本政府应该继续全力关注这个问题，包括那些与此相关的私人研究。

附录5

日本首相村山富市的讲话:"在二战结束50周年之际"
(1995年8月15日)

　　自从二战结束,世界又走过了50年。现在,每当我想起那些沦为战争受害者的人们,无论是日本同胞还是其他国家的人们,我的心都会被感情的洪水淹没。

　　日本建立了今天的和平与繁荣,是因为日本克服了巨大的困难,由一个被破坏殆尽的战败国重新崛起。我们为这样的成就感到自豪,在此,请允许我对每一位日本公民的聪明才智和坚持不懈的努力,表达我衷心的赞美;也请允许我再一次对以美国为首的世界各国曾给予日本的必不可少的支持和援助表达我深深的谢意。我很欣慰,我们能够并已经与亚太地区的邻国、美国和欧洲各国建立了友好关系,今天我们享受着这些友好关系。

　　今天,日本已经成为和平富裕的国家,因此我们容易忽略和平的珍贵,和平是无价之宝,也是上苍的保佑。我们应该把战争的残酷告诉给年轻一代,以免重演过去的错误。我坚信,如果我们想携起手来,特别是同邻近各国人民携起手来,保证亚太地区乃至全世界的真正和平,我们就有必要,比任何其他事情都有必要,同所有国家建立起基于深刻理解与相互信任的关系。在此信念指引下,日本政府发起了"和平、友谊与交流倡议",它包括两部分:进一步支持和资助对近代日本同近邻的亚洲各国及其他国家的关系的历史研究;促进并迅速扩大与这些国家的交流。另外,为了进一步巩固日本与这些国家的信任关系,我愿意继续以百般诚意竭尽全力来处理由战争而引起的那些问题。

今天，在二战结束50周年这一重大历史时刻，我们应当牢记，我们必须审视过去，从历史中吸取教训，并保证我们不会偏离通向未来人类社会和平与繁荣的轨道。

在不远的过去的某个时期，日本由于遵循了错误的国家主义政策，走上了战争的道路，结果却使日本人民陷入了致命的危机，日本的殖民统治和侵略，给很多国家的人民，特别是亚洲国家的人民，造成了巨大的损失和深重的灾难。我以谦卑的态度对待这些无可辩驳的历史事实，希望这样的错误将来不再重现，并在此再一次表达我深深的懊悔和衷心的歉意。也请允许我对那段历史的所有牺牲者，无论是日本同胞还是其他国家的人们，表示深深的哀悼。

基于我们在二战结束50周年之际的深深的懊悔，日本必须去除自以为是的国家主义，作为国际社会负责任的一员，积极促进国际协作，从而推进和平与民主的原则。同时，作为经历过原子弹爆炸的毁灭性破坏的唯一国家，以彻底去除核武器为目的，日本必须积极追求一些领域的进一步的全球性的裁军，比如核不扩散机制的增强。我坚信，只有这样，日本才能偿还它的过去，让那些逝者的灵魂得到安息。

常言道，你可以信赖好的信念。那么，在这个纪念的时刻，我向日本人民和世界人民宣告，我将让好的信念成为我们政府政策的基础，这就是我的誓言。

附录6

"亚洲妇女基金"的资金流转示意图

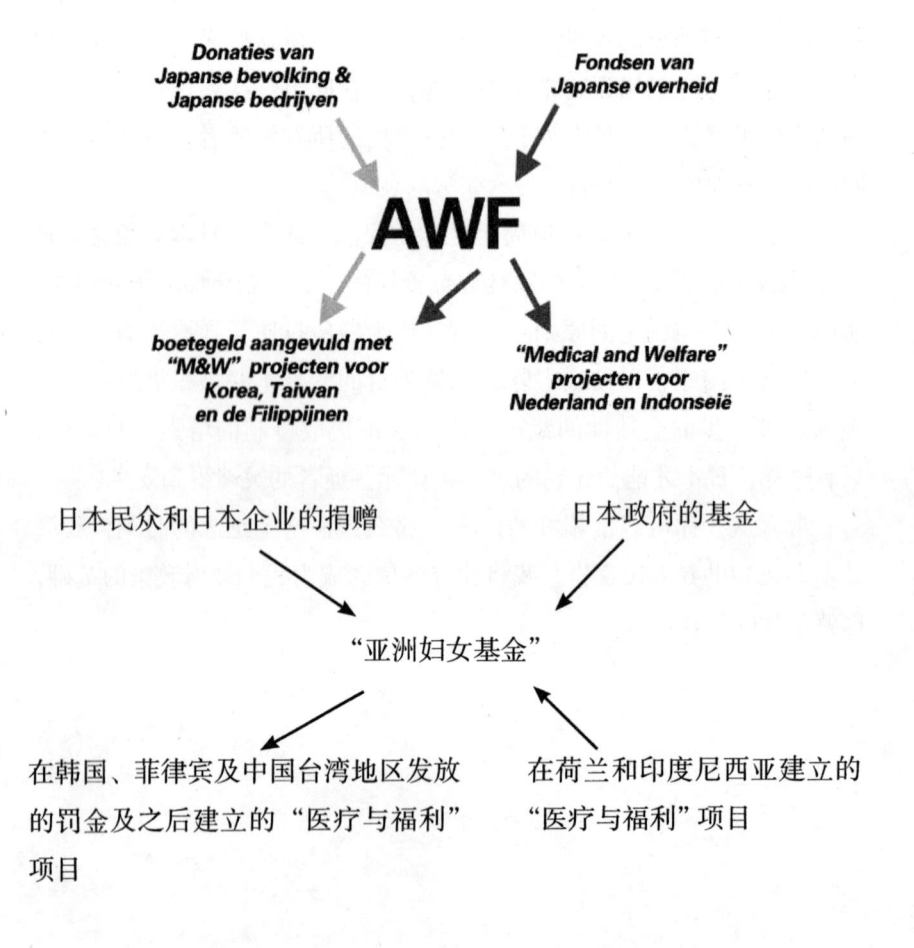

Donaties van Japanse bevolking & Japanse bedrijven

Fondsen van Japanse overheid

AWF

boetegeld aangevuld met "M&W" projecten voor Korea, Taiwan en de Filippijnen

"Medical and Welfare" projecten voor Nederland en Indonseië

日本民众和日本企业的捐赠

日本政府的基金

"亚洲妇女基金"

在韩国、菲律宾及中国台湾地区发放的罚金及之后建立的"医疗与福利"项目

在荷兰和印度尼西亚建立的"医疗与福利"项目

附录7

为"生活改善项目"的实施铺平道路
——荷兰项目实施委员会理事会的组成及各项事务的安排

项目实施委员会的理事会任命卡特丽·莱克波斯特（Katri Rijckborst）女士为秘书，鲍勃·佩特（Bob Peter）先生为财务主管，如迪·于恩赫若（Rudy Ungerer）先生为理事，这三位新成员都来自"日本赔款基金会"。于恩赫若先生已在该基金会担任办公室主任和领导班子成员多年，与一些日军强迫卖淫的受害者有过各种联系，熟知此事的方方面面。此外，在"客座教师基金会"当了多年志愿者的考妮·苏威克劳普（Conny Suverkropp）女士，也被邀请加入理事会；为"战争受害者基金会"工作的法学专家凯斯·奥特（Cees Otte）先生也被纳入理事会，作为法律顾问。日本大使馆的两名工作人员被任命为"亚洲妇女基金"的代表。他们将作为"亚洲妇女基金"的观察员出席理事会的每一次会议。

在项目实施委员会实际开始工作之前，鲍勃·佩特就为理事会成员们投了责任保险。他还与德勒会计师事务所（Deloitte & Touche）进行了商谈，从1999年开始，每年在日本财政年（日本的财政年结束于3月31日）年底前对项目实施委员会的财务情况做一次账目检查。同时，项目实施委员会也在海牙商会正式注册了。

在瓦瑟纳尔（Wassenaar）市的一个公证事务所的公证下，"荷兰项目实施委员会"正式成立了。公证师免费为我们做了公证，因为他觉得，项目实施委员会所做的事是充满爱心的、感人至深的。在瓦瑟纳尔市的ABN AMRO银行，项目实施委员会开立了一个账户，"亚洲妇女基金"将把钱款汇至此账户。我们和银行约定，豪夫尔德·海瑟尔、鲍勃·佩特和我，只有我们三人有权签字，具体地说就是，项目实施委员会的每一笔支付，都必须有我们当中的至少两人的签字。

最初的筹备工作都是在"日本赔款基金会"进行的，我们与"亚洲妇女基金"进行了各种协商，最终确立了"生活改善项目"，这个筹备阶段总共持续了两年半多。在此期间，我们已经在该基金会的杂志上登载了很多启事。这些启事起了作用，项目实施委员会成立时已经有很多人向保密顾问报名。项目实施委员会成立后，考妮·苏威克劳普接管了这项工作，她在全世界通过各种途径投放招请启事，包括互联网、报纸、杂志以及所有荷兰驻外使馆，寻找那些在当时拥有荷兰国籍的日军强迫卖淫的受害者。那些符合"生活改善项目"条件、自己也愿意参加项目的人，可以向保密顾问报名申请。

附录8

日本首相桥本龙太郎致荷兰首相威姆·考克的道歉信

致荷兰首相威姆·考克

1998年7月15日

阁下:

  我们悲痛地意识到在被称作"战时'慰安妇'"问题上的道义责任,日本政府与"亚洲妇女基金"密切合作,一直在真挚地致力于解决这个问题。"亚洲妇女基金"负责实施那些项目,以此来表达在这个问题上的国家偿还。

  我清楚地认识到:"慰安妇"问题是对众多受害女性的荣誉和尊严的粗暴侵犯,彼时的日本军事当局也参与了此事。在此我向阁下表达我对所有受害女性的最诚挚的歉疚和懊悔,这些女性作为"慰安妇"经历了不可估量的痛苦,遭受了无法医治的生理和心理上的创伤。

  关于如何把日本人民的这种感觉具体化,有关各方经过一系列会谈,达成了一致。"亚洲妇女基金"将向新成立的"荷兰项目实施委员会"提供财力支持,该委员会将负责项目在荷兰的实施,即为那些战争时期作为"慰安妇"经历了苦难的受害者在医疗和福利方面提供物质服务。

  如果荷兰政府能够对这个项目给予热情的理解和支持,我将很感激。这个项目是日本人民诚挚感情的化身,由"亚洲妇女基金"创办。

  在前首相1995年的"村山谈话"中,日本政府重新表达了对包括荷兰在内的世界各国人民的深深的懊悔和衷心的歉意,因为在过去某一时期日本给这些人民造成了巨大的损失和深重的灾难。我的内阁丝毫没有改变这一立场,我本人在去年6月访问荷兰时,也以同样懊悔和歉疚的心情向"东印度纪念碑"献了花圈。

为进一步加深我们两国之间的理解，日本政府正在为历史研究提供资助和支持，而且正在积极扩大交流。这两件事是"和平、友谊与交流倡议"的两个支柱，我们发起"和平、友谊与交流倡议"，目的在于建立日本与各个邻国之间的面向未来的友好关系。

我们不可以逃避对过去的担当，也不应该逃避对未来的责任。日本正在以端正的态度勇敢面对过去的历史，并把这段历史准确地传授给未来的几代人，日本决心竭尽全力进一步提升与荷兰的友好关系，我们将在2000年庆祝日荷友好关系400周年。

友好的祝愿！

您的忠实的
日本首相
桥本龙太郎

附录9

对近期《韩日'慰安妇'问题协议》及其未来的保留意见

据报道，上周一（2015年12月28日），大韩民国和日本就"慰安妇"问题达成官方联合声明所称的最终且不可逆的协议。新闻媒体还报道，两国政府都对该结果很满意。

然而，两国国内对该协议的反应并不一致。冒昧地说，我认为这份协议距离真正解决"慰安妇"问题还有很远的距离，在此和你们分享一下我的理由。

1. 诚意

这份协议以其目前的形式，并未打动受害者的内心。与韩国官员谈判的日本政府官员，无一人寻求与韩国受害者或她们的支援团体进行联系。上周一，两国外交部长会面，安倍总理致电朴槿惠总统，传达了当时谈判的协议大纲。如果日本政府首脑意在表达对受害者心灵伤痛的由衷触动，那么这种沟通模式是绝对不合适的。

随后，据报道，一名韩国外交部官员面见了几位受害者，却只遭到受害者的冷眼相待，甚至怒目相视。

有鉴于此，两国政府正计划启动的一个项目就不能太当真了。该项目由日本提供10亿日元（约830万美元），用官方联合声明的话说，旨在治愈受害者的心灵伤痛。

联合声明称，安倍总理"再次表达对所有女性最诚挚的道歉和懊悔……"我们不禁要问，他去年（2015年）11月与朴槿惠总统在首尔会面讨论"慰安妇"及其他问题时，为什么不面见任何一位受害者传达这种情感呢？他也可以确保让日本驻韩大使参加每一位逝世"慰安妇"

的葬礼，只要她和她的家人不反对。

　　但是，安倍总理一边说受害者们承受了"无法治愈的身心伤痛"，一边又说他的政府将提供上述资金，旨在"治愈所有前'慰安妇'的心灵伤痛"，这番措辞简直赤裸裸的自相矛盾。

　　朝鲜外交部给这份协议贴的标签是"政治权力游戏的产物"。人们普遍认为，这份协议之所以被触发，原因在于谈判的两国政府担心，这场争论拖延下去将严重阻碍美国在东北亚的全球化外交政策。换句话说，他们在看太平洋对岸老大哥的眼色。出于这个原因，协议完全没能触及"慰安妇"问题的根本。朝鲜还表示，这样的受害者在朝鲜半岛北半部分同样存在。如果最新的协议是要认真对待人的尊严被摧残的问题，而不是为了解决韩、日、美政治难题，那么日本有义务严肃面对并处理一个问题：当时遭受日本军方迫害的这类妇女除韩国人外，还有成千上万。根据韩日最新协议，台湾地区领导人马英九要求日本关注台湾地区的受害者。荷兰也出现了类似的声音。如果日本能主动解决与荷兰、澳大利亚和中国的关系问题，不仅如此，还能主动解决与其他因对日本的经济依赖而不敢发声的亚洲国家的关系问题，那么日本很有可能在受害国和全世界挽回一些尊重。

　　据称，安倍总理在联合声明中"再次表达对所有女性最诚挚的道歉和懊悔……这些女性遭遇了无数痛苦的经历，饱受了无法治愈的身心伤痛。"这个措辞表明，声明在起草时缺少了必要的关怀和诚意。什么叫"所有女性"？一个真诚道歉的人应该知道涉及的受害者共有多少人。在1991年金女士披露了她痛苦的过去之后，有大约200名韩国妇女站了出来，不过众所周知，这只是冰山一角。绝大多数受害者因为各种原因，选择隐瞒身份，她们仍然独自承受着伤痛，或者把伤痛带入坟墓。她们怎么能仅仅被称作"所有女性"呢？那些勇敢表明身份的受害者如今仅有40位尚在人世。一旦韩、日联合项目启动，是否还会有数十人或数百人在她们之后站出来就不好说了。

2. 个人责任

联合声明称，鉴于当时日本军方的参与而给"慰安妇"的"名誉和尊严带来的深重伤害"，"日本政府痛感责任"。这里的"日本政府"是指以安倍为首的现任内阁吗？如果现任日本政府要为战时历届政府任期内发生的事负责，那么责任应由现任日本国会来承担。日本国会代表了现任政府，以及大多数日本选民选举出来的国会议员。安倍内阁的最新协议需获得现任日本国会的官方批准。

2007年安倍总理领导他的首届内阁时，曾发表过一份公开声明，内容与最新的协议主旨截然相反。声明称，没有历史文件证明日本军方在太平洋战争期间实施过强迫卖淫。他也从未在当前任期亲自对日军性奴隶的受害者表示过懊悔。去年（2015年）8月14日，他在内阁的同意下发表声明，仅表示他的内阁坚定支持历届内阁的立场，丝毫没有表达他本人的懊悔。

这样一位总理，当他谈及自己政府的责任时，有义务以一个背负着这般黑历史的日本公民的身份，为多年来逃避这个问题亲自道歉。

他应该表示懊悔，并为参拜靖国神社道歉。这里供奉的是当时引入"慰安所"系统的军方领导，以及在"慰安所"凌辱过女性的成千上万日本士兵，还有因涉嫌在当时的荷属东印度（今印度尼西亚）运营"慰安所"而在战后荷兰审判乙级、丙级战犯的军事法庭被起诉的一位日本人。安倍总理还应该责备长期参拜靖国神社的内阁成员和自由民主党成员，以及近期参拜过神社的第一夫人。他应该表示懊悔并为忽视这些责任而道歉。众多日本政客和法西斯右翼团体成员应该认识到，坚持对"慰安妇"问题视而不见，否认犯罪史实，歪曲历史，发表"这些女性都只是为了钱的普通妓女"这般万恶无情的声明，是在庞大的受害者群体尚未愈合的伤口上撒盐。如若做不到这些，安倍总理在去年（2015年）8月14日声明中所说的话，比如"日本希望成为一个陪伴这些受伤女性左右的国家"，就注定要沦为辞藻华丽的空谈。

曾掌控过这些妓院的无数日本军队官员，有些很可能尚在人世。

然而，过去一周，没有一家媒体报道过哪怕一位军官出面表达懊悔。对于许多仍然在治疗心灵深处伤痛的韩国受害者，这样的姿态本会非常有帮助。

我们非常想念现任日本天皇曾表达的懊悔，他在去年（2015年）1月1日表示，我们日本人需要从1931年"满洲事变"以来的日本历史中汲取教训。2003年，我和妻子在首尔面见了一位当时84岁的前"慰安妇"。她声嘶力竭地喊道："我不是为了钱。我只想要你们的天皇到这里来道歉。"在日本战败前，每位日本士兵作为皇军成员，最终都听命于天皇。他们的生死都是为了裕仁天皇。因此这位韩国妇女的要求完全合理，正中要害。

3. 法律责任

除开个别例外情况，日本军方强迫卖淫的所有受害者都经历了难以言说的痛苦和伤害。即使那些日本战败后幸存的受害者，也一直承受着创伤，我敢肯定，尚在人世的受害者仍然生活在巨大的痛苦中。安倍总理等人，谈论着"强迫"的广义和狭义。但这种定义只是咬文嚼字，唯有年轻的法学生会感兴趣，对那些受害女性毫无意义。毋庸置疑，有许多女性被强迫征召、运送、与他们的父母和亲人分离。这是无可争议的史实。即使那些被欺骗性广告或建议引诱的女性，最终也会在到达目的地后发现真相。她们要求被送回家，但照例遭到拒绝。这不是强迫和强迫卖淫是什么？日军的这种行为，明显违反了反对以卖淫为目的买卖妇女的国际公约，以及国际劳工组织出台的禁止强迫劳动的公约，日本分别于1925年和1932年批准加入这两项公约。因此，日军的恶行本质上是违法的，应作为犯罪行为予以处罚。许多受害者在绝望中自杀了，这种案例应以过失杀人罪起诉。故意剥夺受害者作为女性的人格尊严无异于杀害她们。受害者即使还活着，也不过是枯木死灰。如果日本希望作为一个法治国家获得国际社会认同，就不能对这段历史视而不见，并声称问题已经彻底解决了。

和过去一样,日本在最近的谈判中坚持认为,1965年的协定已经在法律层面完全解决了韩国"慰安妇"问题,并得到两国的认可。但几年前两国政府公布的相关文件显示,韩国"慰安妇"问题并未在谈判期间讨论,也并未包含在协定中。

4. 未来

联合声明称此协议是不可逆的,且双方承诺今后在公共场合克制提及该问题,克制就该问题相互批评谴责。

然而,要真正解决这个问题,需要犯罪者,即日本,正式宣布,坚决不再重演这些战争罪行和非人道之举,并采取措施落实这一决心。在日本战败50周年,时任首相村山富市发表了一篇谈话,其中说道:"我们应该把战争的残酷告诉给年轻一代,以免重演过去的错误……在此信念指引下,日本政府发起了'和平、友谊与交流倡议',它包括两部分:进一步支持和资助对近代日本同近邻的亚洲各国及其他国家的关系的历史研究;促进并迅速扩大同这些国家的交流。"1993年8月4日,时任内阁官房长官河野洋平发表了日本政府就"慰安妇"问题的调查结果,其中说道:"我们应该公正地面对……历史事实,真心从历史中吸取教训,而不是逃避。在此,我们重申我们的坚定决心:通过学习和教授历史,将此事永远铭刻在记忆中,永远不再犯同样的错误。"但就在同一天,日本外交部就该问题建立了一个日英双语网站,上面写道:"由于战争蔓延,对于'慰安妇'的需求变得日益紧迫,这些招募者于是在许多情况下采取哄骗和威吓手段,违背这些女性的意愿招募她们,甚至有政府/军方人员直接参与招募的情况。"这只能被看作是将"慰安妇"制度合理化的一次粗暴尝试,公然地含糊其辞。偶然发现这篇文章后,我在2011年和2012年给连续两任日本外交部长写了信(不是邮件),要求其考虑删除这句话。时至今日,东京方面仍然没有给予我任何回应,我们仍然可以在日本外务省网站(http://www.mofa.gov.jp/policy/postwar/issue9308.html)上读到这篇文章。现在,日本学校使用的历史教科书几乎没有一本提到"慰安妇"问题。在最近首尔的谈判中,韩国政府本应该要求日本在这个问题上作出根本性改变,我们的政府本应该表达要朝那个方向努力的坚定决心。现在表态还不算太迟,不仅如此,还应在表态后落到实处。

据日本媒体报道,日本谈判代表希望,将日本驻韩国大使馆对面的"慰安妇"少女像撤走。安倍首相最近一次(2015年11月)访问首尔时,本应效仿前德意志联邦共和国总理维利·勃兰特,在"慰安妇"少女像前下跪。1970年勃兰特访问华沙时,在华沙犹太隔离区起义纪念碑前下跪,这座碑纪念的是纳粹占领华沙期间的犹太死难者。日本声称,少女像对日本大使馆造成了安全问题,有损其尊严。事实上,在日本多年来对少女像象征的韩国受害者对正义的要求充耳不闻时,日本的尊严已经严重受损了。韩国人民有合法权利保留某种有形且永久的东西,以此永远铭记曾经的殖民霸主在他们身上犯下的错误和非人道之举。这不是为了激起和煽动对日本人的仇恨与报复。企图尘封这段历史的行为是不可容忍的。一份"不可逆的"协议不应该鼓舞修正主义历史学家。日本应该在广岛和平纪念馆和长崎和平纪念馆旁边修建设施,以此永远铭记日本犯下的非人道罪行,并且这些设施应由日本政府出资修建和维护。据报道,支援前韩国"慰安妇"的团体正考虑在国内外修建更多类似首尔少女像的雕像。把日本承诺的资金分配一部分用作这项计划会有助于疗愈众多尚在人世的韩国受害者,包括那些仍然不愿透露姓名的受害者,还有成千上万韩国以外的受害者。

日本军方在1945年以前实施的强迫卖淫无疑是践踏人格尊严的极端刑事案件。不过,我们不要因此忽视日军,甚至日本平民同胞、商业公司和国家本身犯下的其他无数形式的非人道罪行,忽视他们对人命和财产的非法摧毁,对自然资源的抢掠。最近的双边谈判是70年来日本首次尝试直面批评,直面近代史中黑暗的几页。我们应在未来保持这一立场,诚实真诚地努力,解决在殖民统治和侵略战争期间产生的严重问题。我们已经朝那个方向迈出了必要的第一步。企图逃脱责任，说"其他国家和民族多少做了同样的事"，只会让我们更丢脸。

不仅韩国，全世界都会密切关注日本将以何种方式认真落实这份双边协议。日本有许多方式可以展现认真的态度。举个例子，"日本会议"据说是日本最大的右翼组织，而安倍首相是这个组织的副会长，他的19名内阁成员有13名是"日本会议国会议员恳谈会"的成员。他们应该立即与这个组织断绝联系。

荷兰莱顿大学荣休教授村冈崇光
2016年1月3日

跋

反思日本的未审之罪

"慰安妇"这一特殊群体，早已为世人所知。二十多年前，当"慰安妇"问题在中国引起广泛关注时，也正是日军在亚洲大陆一连串性犯罪在国际上引起强烈声讨和追诉的时期。除了中国"慰安妇"，一个数量更庞大的韩国"慰安妇"幸存者群体对日本暴行的声讨以及索赔行动，更是在国际上产生巨大反响。为何在战争过去七十多年之后，一直鲜为人知，甚至默默无闻的"慰安妇"问题突然之间成为东亚社会乃至整个国际社会曝光度较高的战争罪行声讨活动？其主要原因恐怕还在于已是耄耋之年的"慰安妇"幸存者，在顶住巨大的世俗压力和心理创伤后，决然出现在公众面前，去寻求一种道义的支持和理解。而在过去的几十年里，这些受害者在承受苦难之后还不得不在现实生活中讳莫如深，误解与非议时时刻刻与她们的痛苦回忆相伴。

《被折断的花朵》是荷兰"慰安妇"事务活动家玛格丽特·哈默尔－毛努·德弗瓦德维勒女士通过口述采访，记录八位荷兰"慰安妇"幸存者经历后的反思之作。除了对那些深受战争伤害的女性悲惨经历的描述外，作者还不断穿插进对日本军队性犯罪的反思。字里行间充满了她对八位幸存者所代表的"慰安妇"群体的深切同情，更充满了为她们呼吁社会关注和支持的渴求。

书名"被折断的花朵"具有强烈的隐喻。这些"慰安妇"来自于荷属东印度。二战时期，荷属东印度被日军占领。这些本来纯洁美丽的荷兰或荷印混血女性被日军强征为"慰安妇"，随后沦入悲惨地狱，往日的美好在日军的野蛮暴行下被彻底毁灭，留下的只是饱经创伤的躯壳与失去光采的生命。这部著作所要表达的思想内涵非常丰富，既有对战争罪行的谴责，也有对战争暴行的反思和探讨，同时也带有对社会舆论和偏见的反击与矫正，等等。

在中国，对日本在"华慰安妇"问题的研究已经取得了相当丰硕的成果，但就日本在二战期间强征"慰安妇"的暴行而言，还只是冰山一角。这部著作给我们提供了更为丰富的证言。

首先，日军"慰安妇"受害者不分种族与国界，凡日军铁蹄所至，必有不计其数的良家妇女成为性犯罪的受害者。这是因为，日军的"慰安妇"制度是有组织、有预谋的犯罪行为。当年日本帝国的陆海军可谓是罪孽深重，登峰造极。因此，在中国大陆、韩国、菲律宾、马来亚、荷属东印度、缅甸等地，都留下了日军强征"慰安妇"的累累罪证。这在近代战争法则与国际公约体系下是一种极为无耻与灭绝人性的犯罪。这是日本军队对于被征服民族及俘虏的非人道心理和奴役态度的反映。因此日本军人对被征服者的虐待不仅仅限于女性，也包括被他们俘虏和奴役的成千上万的男性，只不过女性所受到的伤害不光在战争时期，还包括战争结束后乃至于直到她们生命的尽头。相对于我们熟知的中国与韩国"慰安妇"，荷兰"慰安妇"所承受的世俗偏见与心理压力并不会因为她们来自西方就稍有轻松。在一定程度上，她们甚至比东方女性更难于启齿。这是因为她们在战前战后所经历的生活反差更为明显，尤其是战后荷兰殖民帝国解体，荷裔不得不回归欧洲故土，被日本人奴役与侮辱过的荷兰女性，她们要回归欧洲主流社会，更是压力重重。所以直到1992年扬·鲁夫－奥赫恩女士才将自己的经历公开，出版了回忆录。

其次，各国"慰安妇"在过去很长时间内饱受偏见和误解。因为仅从日军设立"慰安所"的官方文件或者表面字义来看，"慰安所"只是日军为了规范日本军人的性行为，避免其违反军纪而专门设立的卖淫场所。在这里提供性服务的女性哪怕是最初不情愿但终究都会和"娼妓"联系起来。而日本军人进入"慰安所"都会使用专门的军票支付"慰安"费用，这似乎只是"卖淫"，是一种性交易。所以，当这些"慰安妇"在面对战后世界关注的目光时，总有羞于启齿的负罪感，特别是在那些贞操观念特别浓厚的国度里。书中这几位荷兰"慰安妇"幸存者几乎都有这样的难言之隐。其实，这恰恰是战后对日本战争罪行进行清算时，没有对"慰安妇"问题进行深入取证与调查，而是将其作为战争罪行来进行追究，仅仅将日军的性暴力罪行归结于一般的强奸、杀人以及掠夺所致。这就忽略了"慰安妇"这个群体是被日军使用暴力逼迫和非人道对待的性暴力受害者，所谓的"卖淫"收入其实与她们毫无关系。而从程度上来看，她们所遭受的性暴力侵害比一般强奸持续时间和受害强度要大得多。这一切罪行所需要的法律道义直到很多"慰安妇"离开人世也未到来。

第三，今天"慰安妇"问题已经成为国际问题，成为一个国家良知的底线，是日军大规模性暴力犯罪的未审之罪。虽然战争结束时少数在东南亚或者中国大陆被拘捕的日军丙级战犯因为涉及强奸而被处决或者监禁，但并无任何一人因承担强制"慰安妇"性奴役而被处置。甚至在战后很长时间内，日本朝野乃至民间对于强征"慰安妇"问题讳莫如深，遮遮掩掩，更遑论公开的道歉和追责。在作者笔下的荷兰"慰安妇"也因此备受精神上的煎熬。书中提到的一位名叫莉娅的少女，被日军强征为"慰安妇"后被一名日本军官长期霸占，并为之生下两个孩子。但战争结束后，这名军官不仅未被制裁，反而被常规遣返。而在遣返之前还从莉娅那里骗走了她的两个孩子，从此不知其踪。这只是其中的一个例子，战争中伤害过这些女孩的日本军人不计其数，几乎没人为之受到惩罚，甚至大规模组织策划绑架这些女孩的日本军官也未受到应有的惩罚。作为战争罪行最高责任者的昭和天皇从未对这些因他发动的这场战争而受到性暴力伤害的妇女及其家人有半个字的道歉或忏悔。这或许是"慰安妇"问题最令人心震颤的地方。

因此《被折断的花朵》既是一部战争暴行的历史记录与反思，也是一部催人泪下的青春毁灭史。

其实就日本二战罪行而言，未审之罪还有。如对中国和平城市的无差别轰炸。

第二次世界大战期间，日军对重庆的大轰炸，是一个非正义的侵略战争暴行，是当时国际社会广泛关注的焦点事件。但是在战后对德意日法西斯主义分子追责时，却将侵略战争中进行的轰炸，与反法西斯同盟为制止侵略战争而采取的轰炸行动，相提并论，混为一谈。不论是审判日本军国主义的东京审判，还是审判德意法西斯分子的纽伦堡审判，都无视侵略战争轰炸的非正义性，和反侵略战争轰炸的正义性，致使制造无差别轰炸的战争罪犯没有受到审判和惩罚。这就造成了对这一战争罪行认识的极大混乱，也给受到侵略的各国民众造成了新的伤害。

从1938年1月到1944年12月，在长达近7年的时间里，日军集中其陆军和海军的主要航空兵力，对以重庆为中心的大后方进行了战略轰炸，妄图以此彻底"摧毁中国的抗战意志"，达到"迅速结束中国事变"的目的。仅重庆平民就有32829人在轰炸中直接伤亡，灾民人数更达172786人，财产损失价值法币100亿元。史称"重庆大轰炸"。但是在战后的东京审判中，没有对日军飞机轰炸重庆和平城市及其平民的罪行进行起诉定罪，重庆大轰炸的策划者和实施者，没有一位受到应有的惩处。

我想，战争的正义性与非正义性是不能混淆的，战争发动者的暴行和战争受害者的反制，是不可同日而语、等量齐观的。

我们强调这一点，是因为在日本，有些人一味渲染广岛、长崎的原爆惨祸，却闭口不谈造成这种惨祸的原因。我曾访问过日本广岛，参观了原子弹爆炸资料馆，留言"不应忘记"，就是指不应忘记战争给日本人民造成的灾难，日本人民也是"受害者"。但更不应忘记的是日本首先是"加害者"，当年的日本广岛号称日本"军都"，相当多的日本军队就是从这里出发，开始对中国的侵略的。"加害"是因，"受害"是果。日本右翼势力为侵略战争翻案的活动愈演愈烈，这不仅不能正确总结历史教训，同时还将误导没有经历过战争的年轻一代，这是对世界和平与安全的威胁。同时，也是准确地传递历史信息的需要。重庆正在筹备成立"重庆大轰炸遇难同胞纪念馆"，我们对这个问题必须要有一个正确的回答，为这个纪念馆提供学理的支撑。

三十年来，在追寻重庆大轰炸真相的过程中，我认识了不少日本朋友，他们对日军轰炸重庆的罪行有清楚的认识。前田哲男先生曾说，重庆大轰炸是日本的战争暴行，"对一个城市如此长时期固执地进行攻击，不用说在航空战争史上是第一次，就是把地面部队围攻城市的历史包括在内，也是极其罕见的"。因此，要对重庆人民进行深刻地反省道歉。近年，我又读到远藤三郎先生的《日中十五年战争与我》。他是亲自带队轰炸重庆的指挥官，也是亲自执行对蒋介石的"斩首行为"的指挥官。其中有一段话可以说发人深省："日本与中国之间这场持续了十五年的战争，客观地说，就是一场日本对中国发动的侵略战争，无论任何人都不能否定"，"这至少是我从长达四十余年的军人生活经验里得到的教训，一定要留给那些担负着日本未来时代的年轻人"。这段话写于1974年，这是一个曾经带队轰炸重庆当时就反对轰炸重庆的飞行团长，一个侵华日军的高级将领战后对这场战争最深刻的反省。

2016中国国际友好城市大会在重庆召开。日本前首相鸠山由纪夫在开幕式致辞时就第二次世界大战期间，日军对重庆进行长达六年多的轰炸进行道歉。这是日本前政要对重庆道歉的第一次，是对战争中死难中国平民灵魂的慰藉，是对日本战争罪责的深刻反省，代表了日本人的良知，体现了中日友好的民意基础，尤其是对几十年来重庆学者研究重庆大轰炸学术成果的采纳和肯定。

我们是学者，学者的责任就是把历史搞清楚，把教训揭出来，让社会知真相，使未来可借鉴。战后对德国的处置是比较成功的。"法西斯不仅是全人类的敌人，也是德国人民的敌人"，已经形成了全人类的共识、德国人的共识。但是在亚洲，这样的共识还没有形成。这就告诉我们一个道理："只有彻底清算，才有永久和平"，这不仅是我个人的感悟，也是有良知的日本人包括参与过侵华战争有良知的日本军人的认识，也应该成为全人类的共识。

我们开展中国人民抗日战争研究，就要"让历史说话，用史实发言"，就"要以事实批驳歪曲历史、否认和美化侵略战争的错误言论"。

我们还任重道远。

中国抗日战争史学会副会长

西南大学中国抗战大后方博同创新中心主任

西南大学教授、博士生导师

周勇

2019年4月6日

译者后记

关于日文翻译

2017年5月，我和我的同事受到季我努学社的委托，将旅居荷兰的日本学者村冈崇光所翻译的荷兰日军强迫妇女卖淫受害者回忆录《折られた花——日本軍「慰安婦」とされたオランダ人女性たちの声》转译为中文。该书的原著者是荷兰著名"慰安妇"事务活动家玛格丽特·哈默尔-毛努·德弗瓦德维勒女士。

翻译这本书的时候正值8月。彼时，为了纪念8月14日"世界'慰安妇'日"，各大影院都在轮番上映讲述中国"慰安妇"生活现状的纪录片《二十二》。随着影片的热映，"慰安妇"又一次成为社会各界广泛讨论的话题。

"慰安妇"问题，对于曾经深受日本军国主义残害的国人来说，一直都是我们国民情感上最为敏感的问题之一。然而，鲜为中国读者所知的是，除了中国（包括台湾）、朝鲜、日本的亚洲女性外，还有很多当时生活在东南亚地区的白人女性也曾深受日军残害，其中也包括本书中所记录的300名当时生活在旧荷属东印度的荷兰女性。可以说，二战时期日军强征"慰安妇"的行为，是世界性犯罪。

感谢本书的原著者向我们揭开这段尘封的历史。她在接受媒体采访时曾经谈到过出版这样一本书的重要性："这些故事不能遗失。虽然战争已经结束半个多世纪，但这终究是历史的一部分，因此人们必须了解到底发生了什么，并且进一步去思考这些事件造成的影响。"

感谢季我努学社给我这个机会，作为一名日本史专业的研究者，我认为有必要让中国读者了解，在第二次世界大战期间，日本侵略者在中国以外的地区,也曾经对普通民众犯下过滔天罪行。尤其是在近期,安倍政府屡次试图对"慰安妇"历史进行粉饰的背景之下,更应当挖掘与"慰安妇"问题相关的各个国家、各个地区、各个方面的历史资料,推进这一问题的国际化研究路线,提高公众对"慰安妇"历史的关注;敦促日本政府采取对历史负责、对人类良知负责和尊重人权的态度,正视和反省日本军国主义对外侵略战争中犯下的严重罪行,妥善处理有关历史遗留问题,以实际行动取信于亚洲邻国,取信于国际社会。我相信,随着翻译、解读工作的继续,还会有更多揭露日军罪行的档案被发现。这也是从事日本史研究的研究者所应当承担的责任。

纪录片《二十二》当中,开头和结尾都是葬礼。作为历史的证人,这些老奶奶正在随着时间的流逝而一个一个离世,镜头里只留下白雪覆盖的苍茫大地。同她们一样,《被折断的花朵》中的埃卢娜、玛露塔、莉娅、埃伦、贝齐、提奈卡、路易丝、诺露切也都已经相继与世长辞。

除巴达维亚军事法庭以外,第二次世界大战结束后,包括东京国际军事法庭在内的各军事法庭,都绕过了日本政府及军队大规模组织、拐骗、强迫妇女建立成体系的"慰安妇"制度的性暴力罪行。与之相关的审判案件当中,也都以"强奸"罪名进行起诉。即使是在巴达维亚军事法庭,受到审判的也仅仅是与"三宝垄事件"相关的,强迫欧洲白人妇女卖淫案件,没有涉及"慰安妇"及性奴隶制度等相关表述。更多的被迫成为"慰安妇"的当地女性及朝鲜女性、中国女性等在审判中都没有得到确切判定。"三宝垄事件"之所以能够得到审判,并留下如此确凿的文献资料,恐怕也与其受害者是白人妇女有很大的关系。

而且,即使是确切记录在案的荷兰受害者女性,大多数也只能和"埃卢娜"们一样,散落在荷兰、英国、加拿大和澳大利亚等地,在长达五十多年的时间里选择沉默,直到20世纪90年代"慰安妇"问题浮出水面之前,她们都将被迫充当"慰安妇"所带来的病痛、创伤和羞辱偷偷藏在心中,创伤无法愈合,也不敢触碰。早在1941年,丁玲在其小说《我在霞村的时候》当中,就曾塑造了一个备受摧残的"慰安妇"

女性形象"贞贞",而遗憾的是,尽管作家早就给我们提出了这样一个问题,但"贞贞"们的苦难却在此后的半个多世纪里都没有得到社会应有的重视,甚至还在延续着。直到20世纪90年代,"慰安妇"问题才真正得到国际社会的关注。

也正因为这样,日本政府才有机可乘,拒绝向仍幸存的受害妇女做出正式道歉、赔偿,并否认它应负的法律责任。日本政府经常举出的两条理由就是:关于赔偿问题,日本政府认为战后所缔结的双边条约已经予以解决;二战时涉及"慰安妇"的所有民事或刑事案件现在已经超过了20年的追诉时限。

面对这样的日本政府,我们当然应该继续据理力争,敦促他们进行反省和道歉。可是,与此同时,我们是否也应当进行反思:为什么直到20世纪90年代,"慰安妇"问题才得到了国际社会的普遍关注?这半个世纪的沉默究竟是如何造成的?

在所有的战争伤害当中,性侵害也许是最难以启齿的一种伤痛。要向外界披露所曾经遭受的伤害,就意味着受害人要揭开伤疤去回想那段黑暗的日子,就必须在精神上再次经历蹂躏和碾压,甚至还要冒着失去名誉与亲人的危险。这不仅仅需要受害者自身强大的勇气,还需要周围善意的理解、帮助和庇护。然而,二战结束后,各国政府和占领军都面临着诸如"战后重建""民族解放"等似乎更需要迫切解决的事情,根本无暇或是无意将目光伸向这些受害女性;另一方面,周围那些乡邻甚至家人的种种有色眼光,让她们不得不蜷缩进更深的黑暗。在这样的时代背景之下,借用《二十二》影评中的一句话,日军强迫卖淫受害女性们,在这50年中,只能成为"时代之风里飘荡的浮萍"。从这个意义上来说,"慰安妇"问题不仅是一个悬而未决的战争遗留问题,也是一个关乎妇女权益及其尊严的国际性人权议题,具有普世意义。

我非常钦佩公开控诉日军罪行的奥赫恩夫人、埃伦女士以及数次向日本东京最高法庭进行起诉的韩国、中国、荷兰的那些老奶奶,她们能够勇敢地站出来告诉人们日本军队曾经犯下的滔天罪行。正是她们的勇气，才扭转了很多人对于"慰安妇"的看法，唤起了国际社会对"慰安妇"问题的广泛关注，更唤起年轻一代对这一历史悲剧的深刻反思。

另一方面，我也非常敬重玛格丽特·哈默尔-毛努·德弗瓦德维勒女士，她能够在不被很多人所认可的情况下，明知难为而为之，与"亚洲妇女基金"合作，在那些受害者的有生之年尽可能地为她们提供帮助。也许正是这个原因，本书中的口述者之一埃伦女士虽然拒绝接受，却最终理解了那些接受"亚洲妇女基金"资助的人的处境。

这让我又回想起《二十二》中，帮助这些老奶奶们起诉维权的一位五十多岁的退休教师志愿者在影片中的话语："我是1985年开始做志愿者的，当时山西省内有132名幸存'慰安妇'，现在这个数字是12名。当时我很天真，就想着帮她们诉讼讨回名誉与赔偿。但是30年过去了，什么都没有。其实让她们讲出那些事情对她们而言是非常耻辱的，早知结局是这样的，我可能会选择不打扰她们的生活。"

愿书中的八位叙述者埃卢娜、玛露塔、莉娅、提奈卡、埃伦、贝齐、叶妮、诺露切和所有已经逝去的日本强迫妇女卖淫受害者们得到安息。愿《二十二》中仍然在世的八位老奶奶能够安享余生。

希望历史不再重演。我们也许无法阻止邪恶的发生，但是希望能够在邪恶发生之后，那些被邪恶与黑暗深深伤害过的受害者们，能够重新沐浴到太阳的温暖。

李越

2017年8月26日夜于上海

关于荷兰文翻译

  2018年年初，我的好朋友、东京大学教授陈捷告诉我，要找一位荷兰语翻译，补译一本书的几个章节。她问我愿不愿意做，我有点犹豫：自由了20年的我，还能约束自己，按时交稿吗？我怕耽误出版社出书！了解了本书的内容和翻译情况以后，我决定接手。

  《被折断的花朵》(*Geknakte Bloem*)于2013年在荷兰出版，之后被翻译成了日文。可是日译本并不完整，日译者在取得了原著作者的谅解之后删减了部分章节和全部注释以及全部附录，中国的历史学者是通过日译本发现的这本书，并且已经把它译成了中文。出版社希望我除了补译短缺的章节、注释和附录（其中有4个附录是由英文翻译成中文）之外，还能校译本书的其他部分，以避免遗漏和偏差。收到中文译本副本之后，我清楚地知道了自己的任务，也更能理解出版社的这个要求了，因为从日译本转译过来的中文译本，与荷兰文原著存在着不小的差别，我们不能给中国读者这样一个中文译本！为了向中国读者呈现一个完整准确的中文译本，我这个定居在荷兰并通晓荷兰语的中国读书人，感觉有不可推卸的责任，于是，我接受了这个任务。我又回到了书桌前，做起了长篇翻译，专心致志，不遗余力，对全书进行了逐字逐句的翻译和校译。2018年8月15日我向出版社交付了全部译稿，于我，这是对抗日战争胜利73周年最好的纪念。

  我们这一代人，对第二次世界大战并不陌生。我们的父辈都亲历了那场灾难，我的父亲出生于1924年，母亲出生于1930年，他们的童年和青少年阶段，都是在日本侵略的铁蹄最先踏入的东北度过的。父亲的一个哥哥和一个姐姐都死于那场战乱。我们身边的很多荷兰人，也有着和本书作者类似的经历，他们的父辈和他们自己都亲身经历了日本入侵旧荷属东印度。我的朋友约翰娜（Johanna），今年80岁，她的父亲曾就职于荷兰军医院，日本入侵后不久，荷兰皇家军队东印度军败退，她父亲沦为战俘，在本书第十章中所描述的1944年9月的船难中丧生。我的学生海思克（Hiske），她的父亲是一名文学青年，怀揣梦想，带着年轻的妻子奔向神秘的东方，来到荷属东印度，担任荷兰语教师。母亲告诉海思克，她的父亲本打算去神秘的东方古国——中国探索和发展，那才是他的梦想。可是，战争爆发了，他被征入伍，很快也成了俘虏。他离开时，海思克刚出生不久。战争结束时，她母亲才打听到父亲已经死在了战俘集中营，死时年仅34岁。海思克告诉我，她有一种莫名的想去中国的欲望，她感觉她与中国有着某种特殊的关联。退休后她每两年就去中国旅行一两个月，至今已经去过五次了。近几年她还跟我学习汉语和中国文化，想更深入地了解中国。她说，是父亲的血在她身上流淌，她在替父亲实现着他的梦想！

对二战期间的日军"慰安妇"问题，我也有所了解，可是荷兰籍"慰安妇"却是我历史知识的盲区。书中八位女性的遭遇，令我震惊。我女儿今年17岁，正沐浴着和平的阳光雨露，如花绽放。可书中的女性，在和她一样的如花似玉的年龄里，却惨遭蹂躏，似花朵被折断。我常常告诫自己和女儿，要珍惜我们所拥有的和平与自由，如果我们生活在战争年代或战争地区，那样的苦难也可能会发生在我们身上！

让我们铭记历史，警示后人，为世界的和平祈祷！

感谢季我努学社，感谢重庆出版社，让我在离开祖国20年之后还能以这种方式为中国的史学研究尽绵薄之力！

刘晓敏

2018年10月7日于荷兰海牙

译者介绍

李越，上海外国语大学贤达经济人文学院外语学院日语系教师，东南大学海外中国史料研究中心特聘研究员。西安外国语大学日语语言文学专业毕业，日本福井大学教育学硕士。2018年赴日本御茶水女子大学进行交流研究。目前在复旦大学历史系攻读日本史博士学位。

刘晓敏，1986年毕业于北京大学国际政治系，获学士学位；1989年毕业于北京广播学院国际政治研究室，获硕士学位；2007年毕业于荷兰莱顿大学汉学院，获硕士学位。2008年10月成为荷兰翻译协会（NGTV）会员。现定居荷兰，从事汉语、英语、荷兰语翻译工作和汉语教学工作。

焦红梅，西安外国语大学日语系硕士，日本国立奈良教育大学日语教育学硕士，日本京都女子大学日语语言文学博士，旅居日本十年。目前为上海外国语大学贤达经济人文学院外语学院日语系教师。

田野，上海外国语大学日语语言文学硕士，攻读硕士学位期间赴名古屋外国语大学交换留学一年。目前为上海外国语大学贤达经济人文学院日语系教师。

Geknakte Bloem, Copyright 2013 By Marguerite Hamer-Monod de Froideville
This edition arranged with Uitgeverij Elmar B.V.
APPENDIX: RESERVATIONS ON THE RECENT SOUTH-KOREAN AND JAPANESE AGREEMENT ON THE "COMFORT WOMEN" ISSUE AND ITS FUTURE, Copyright 2015 By Takamitsu Muraoka
Simplified Chinese edition copyright: 2019 BEIJING ALPHA BOOKS.CO., INC
All rights reserved.

版贸核渝字（2017）第190号

图书在版编目（CIP）数据

被折断的花朵：八个荷兰"慰安妇"的伤痛回忆 /（荷）玛格丽特·哈默尔-毛努·德弗瓦德维勒 著；季我努 译.-- 重庆：重庆出版社，2019.9
ISBN 978-7-229-14189-9

Ⅰ.①被… Ⅱ.①玛… ②季… Ⅲ.①军国主义—性犯罪—史料—日本 Ⅳ.①K313.46

中国版本图书馆CIP数据核字（2019）第099561号

被折断的花朵：八个荷兰"慰安妇"的伤痛回忆

［荷］玛格丽特·哈默尔-毛努·德弗瓦德维勒　著
季我努　译

策　　划：	华章同人
出版监制：	徐宪江
责任编辑：	秦　琥　马巧玲
责任印制：	杨　宁
营销编辑：	王　良　唐晨雨

重庆出版集团
重庆出版社　出版
（重庆市南岸区南滨路162号1幢）
投稿邮箱：bjhztr@vip.163.com
三河市嘉科万达彩色印刷有限公司　印刷
重庆出版集团图书发行有限公司　发行
邮购电话：010-85869375/76/77转810

重庆出版社天猫旗舰店
cqcbs.tmall.com
全国新华书店经销

开本：787mm×1092mm　1/16　印张：14　字数：110千
2019年9月第1版　2019年9月第1次印刷
定价：68.00元

如有印装质量问题，请致电023-61520678

版权所有，侵权必究